C.H.BECK ■ WISSEN
in der Beck'schen Reihe

Im Jahre 1024 wurde Konrad II. als erster Salier zum König gekrönt. Mit ihm begann das erste deutsche Königshaus. Drei weitere Salier – Heinrich III., Heinrich IV. und Heinrich V. – sollten ihm auf den Thron folgen. Ihre Zeit, das «Jahrhundert der Salier» (1024–1125), war gekennzeichnet von schweren Auseinandersetzungen der Herrscher mit den Reichsfürsten und dem Papsttum. Sowohl das Streben der Fürsten nach vermehrter Teilhabe an der Herrschaft als auch eine machtvolle kirchliche Reformbewegung verlangten nach konsensualem Handeln, um die aufbrechenden Konflikte zu entschärfen, doch kaum einmal zeigte sich einer der Salierkönige in der Lage, diesen Erfordernissen gerecht zu werden. So zerbrach die Einheit von Kirche und Reich — für jeden sichtbar am berühmten Gang nach Canossa. Erst im frühen 12. Jahrhundert wurde eine neue Ordnung geschaffen. Johannes Laudage zeichnet in seinem anregend geschriebenen, informativen Buch ein facettenreiches Bild dieser dramatischen Epoche des Mittelalters.

Johannes Laudage lehrt als Professor für Mittelalterliche Geschichte an der Heinrich-Heine-Universität Düsseldorf. Seine wichtigsten Publikationen sind: *Gregorianische Reform und Investiturstreit*, Darmstadt 1993; *Alexander III. und Friedrich Barbarossa*, Köln-Weimar-Wien 1997; *Otto der Große*, Regensburg 2001.

Johannes Laudage

DIE SALIER

Das erste deutsche Königshaus

Verlag C. H. Beck

Mit neun Abbildungen, einer Karte und einer Stammtafel

Originalausgabe
© Verlag C. H. Beck oHG, München 2006
Gesamtherstellung: Druckerei C. H. Beck, Nördlingen
Umschlagabbildung: Kaiser Heinrich IV., Ausschnitt aus
«Der König bittet den Abt und fleht Mathilde an», Buchmalerei
um 1114, Rom, Biblioteca Vaticana, Photo: akg-images
Umschlagentwurf: Uwe Göbel, München
Printed in Germany
ISBN-10: 3 406 53597 6
ISBN-13: 978 3 406 53597 0

www.beck.de

Inhalt

Einleitung: Canossa und die Folgen 7

I. Die Salier: Das erste deutsche Königshaus 11

II. Ein gelungener Auftakt:
Die Regierungszeit Konrads II. (1024–1039) 20

III. Höhepunkt und Peripetie:
Heinrich III. als Herrscherpersönlichkeit (1039–1056) 35

IV. Eine endlose Krise:
Die Epoche Heinrichs IV. (1056–1106) 49

V. Ein überforderter König:
Heinrich V. und der Beginn einer neuen Ära
(1106–1125) 97

Schluß: Das Jahrhundert der Salier 117

Kommentierte Kurzbibliographie 120
Zeittafel 123
Personenregister 126

Abb. 1: König Heinrich IV. bittet Abt Hugo von Cluny und Markgräfin Mathilde von Tuszien kniefällig um Fürsprache in Canossa. Donizo, Vita Mathildis (Rom, Biblioteca Apostolica Vaticana, Cod. Vat. Lat. 4922, fol. 49r).

Einleitung:
Canossa und die Folgen

Man schreibt das Jahr 1077: Mitten im Winter zieht der König über die Alpen. Seine Frau ist dabei; auf einer Rinderhaut wird sie die vereisten Berge hinabgezogen. Endlich gelangt man in die oberitalienische Ebene. Das Ziel ist die Gegend um Reggio Emilia. Aber nicht über den Brenner führt die Straße. Nein, man muß den Weg über den Mont Cenis nehmen, denn die Herzöge von Bayern, Schwaben und Kärnten haben alle anderen Pässe gesperrt.

So beginnt die berühmte Geschichte von Heinrichs IV. Gang nach Canossa, doch die Ereignisse, die dazu führten, sind heute weitgehend in Vergessenheit geraten. Wohl weiß man noch dunkel, daß Papst Gregor VII. den Salier fast ein Jahr zuvor mit dem Bann belegt hatte. Aber was danach geschah, ist dem Gedächtnis fast völlig entschwunden. Eine einzige Szenenfolge hat sich nachdrücklich eingeprägt: Drei Tage lang muß der König vor dem Burgtor von Canossa auf Einlaß warten; barfuß und in härenem Büßergewand steht er da. Alle Anwesenden schreien um Erbarmen. Erst nach langem Zögern wird ihm vom Papst die Absolution erteilt.

Dieses Ereignis wurde zum Thema vieler Erinnerungsbilder, und eines davon stammt aus dem Umkreis Mathildes von Tuszien, die damals die Burg von Canossa besaß. Demgemäß wird uns Heinrich als Bittsteller vor ihrem Thron gezeigt (*Abb. 1*). Eine Beischrift verdeutlicht den Sinn dieser Darstellung: «Der König bittet den Abt [Hugo von Cluny] um Hilfe und fällt vor Mathilde demütig flehend auf die Knie.» Es ist also beabsichtigt, den besonderen Rang der Markgräfin zu betonen, aber zugleich wird auf ihre Rolle als Vermittlerin angespielt, denn niemand sonst besaß größeren Einfluß auf Gregor VII. als diese Frau, die sich mitten im salischen Reich eine Stellung als gottunmittelbare Fürstin ertrotzt hatte. Der König, so darf man die Darstellung deuten, hatte vor allem ihr seine Lossprechung zu verdanken.

Diese Ausnahmesituation ist als Zeichen für eine tiefe Krise zu werten, aber es wäre falsch, dabei gleich an eine Entsakralisierung des Herrscheramts zu denken. Was in Canossa zur Debatte stand, war vielmehr die Rückbindung des Gottesgnadentums an christliche Verhaltensnormen, war die Unterwerfung Heinrichs unter ein Bußritual, das den Papst als obersten Hüter der priesterlichen Binde- und Lösegewalt erscheinen ließ. Nicht über die Zugehörigkeit Heinrichs zum Laienstand wurde hier entschieden, sondern über die Bedingungen seiner Königsherrschaft. Ohne die süddeutschen Herzöge zu befragen, entschloß sich Gregor, die Exkommunikation des Saliers wieder aufzuheben. Heinrich erhielt dadurch eine Handlungsvollmacht zurück, die zuvor wirksam beschränkt worden war. Die eigentlichen Verlierer des Bußakts von Canossa waren daher die oppositionellen Kräfte im Reich. Auf ihr Betreiben hin kam es daher schon wenige Wochen später zur Wahl eines Gegenkönigs.

Damit ist eine Konstellation beschrieben, die für die Salierzeit durchaus typisch war. Denn immer wieder ging es darum, das Dreiecksverhältnis von Königtum, Papsttum und Reichsfürsten auszutarieren, und am Ende dieser Vorgänge stand eine Regierungsform, die im Jahre 1024, bei der Wahl des ersten salischen Herrschers, keiner für möglich gehalten hätte: Der König konnte wichtigere Angelegenheiten nunmehr nur noch im Konsens mit den Fürsten entscheiden, er mußte die Eigenständigkeit der kirchlichen Rechtssphäre respektieren und die Zusammenarbeit mit den Bischöfen und Äbten seines Reiches auf eine neue Basis stellen. Das Wormser Konkordat vom 23. September 1122 bedeutete daher weit mehr als einen bloßen Kompromiß zur Beendigung des Investiturstreits. Es war der Auftakt zu einer grundlegenden Reichsreform, in der das Lehnrecht und der Gedanke der Teilhabe der Fürsten an der Herrschaft immer größere Bedeutung gewann.

Das vorliegende Buch kann diesen vielschichtigen Wandlungsprozeß natürlich nur in seinen Grundzügen verfolgen, denn im

Canossa und die Folgen

Vordergrund soll die Geschichte der salischen Könige stehen, und diese Aufgabe macht es erforderlich, einen Leitfaden zu wählen, der ebenso bewährt wie problematisch erscheint: Es gilt, eine Familie ins Zentrum zu rücken, die weder Europa erschaffen noch Deutschland erfunden hat. Ihr Scheitern bedeutete das Ende des europäischen Frühmittelalters. Nicht von glanzvollem Neubeginn darf also die Rede sein, sondern von einer Zeit der Krise ist zu sprechen.

Abb. 2: Salierstemma. Weltchronik Ekkeharts von Aura
(Berlin, Staatsbibliothek, Stiftung Preußischer Kulturbesitz,
Cod. Lat. 295, fol. 81v).

I. Die Salier:
Das erste deutsche Königshaus

Es ist nicht gerade üblich, die Salier als das erste deutsche Königshaus zu bezeichnen. Aber es ist richtig, denn die Herrscher vor ihnen haben sich noch nicht als Deutsche verstanden. Gewiß konnte man schon im 9. Jahrhundert sagen: «Wir, die wir die teutonische oder deutsche Sprache sprechen.» Doch dies geschah noch nicht, um ein Volk zu charakterisieren, sondern nur, um eine Sprachgemeinschaft zu definieren. Erst in der Zeit Heinrichs IV. (1056–1106) begann man damit, von *diutsche lant* und *diutischi liuti* zu reden und die Gemeinschaft der «Deutsch-Sprechenden» mit einem eigenen Gründungsmythos zu versehen. Ein solcher Mythos indes war konstitutiv für die Genese eines Volkes, hieß es doch bereits in den *Etymologien* Isidors von Sevilla († 636), dem Begriffswörterbuch des Frühmittelalters, ein Volk sei eine Menge von Menschen, die sich wegen einer gemeinsamen Eigenart auf einen einzigen Ursprung zurückführen lasse.

Diese allseits akzeptierte Definition macht verständlich, daß dem Nachdenken über die eigenen Anfänge zentrale Bedeutung zukam. Aber das Erstaunliche ist: Es beruhte nicht etwa auf der Dauerhaftigkeit der politischen Formation. Es war vielmehr eine Reaktion auf eine aktuelle Herausforderung. Denn Papst Gregor VII. hatte Heinrich IV. gleich mehrfach als «deutschen König» oder «König der Deutschen» bezeichnet, um ihm den Titel eines «Königs der Römer» und damit die Anwartschaft auf die Kaiserkrone streitig zu machen. Diese Provokation wurde im frühmittelhochdeutschen Annolied durch eine neuartige Geschichtskonstruktion beantwortet, doch der Dichter wehrte sich nicht gegen die seit langem geläufige Fremdbezeichnung eines «Deutschen Reiches» (*regnum Teutonicum*), sondern versuchte aufzuzeigen, daß sich die vier deutschsprachigen Völker der Schwaben, Bayern, Sachsen und Franken schon unter Julius Caesar zu einer politischen Aktionsgemeinschaft zusammengeschlossen und deshalb einen Ehrenplatz im Römischen Reich verdient hätten. «In der Volksprache zu reden» (*diutischin sprecchin*) und einen gemeinsamen Siedlungsraum, die *diutsche lant*, zu besitzen, wurden damit die konstitutiven Faktoren für die Kopfgeburt der deutschsprachigen Völker- und Heeresgemeinschaft, der «deutschen Mannen» oder *diutischi liuti*, wie der Dichter sie nennt. Julius Caesar aber, so heißt es weiter, habe diese Gemeinschaft zum Bundesgenossen gewonnen, und das sei der Grund dafür, daß ihre Könige noch heute Kaiser hießen (*Dannin noch hiude küninge heizzint keisere*).

Dieser Ursprungsmythos wurde später noch oft wiederholt. Schon bald gewöhnte man sich daran, das eigene Reich als ein «deutsches» zu apostrophieren, und das gibt uns das Recht, auch seine Herrscher rückblickend als Deutsche zu qualifizieren. Aber wie verhält es sich eigentlich mit ihrer Bezeichnung als Salier? Der Name «Salische Könige» (*Reges Salici*) findet sich erstmals in der Chronik Ekkeharts von Aura († nach 1125). Es handelt sich also nicht etwa um eine Selbstdefinition des Herrschergeschlechts, sondern nur um die nachträgliche Wortschöpfung eines Hofchronisten, der nach einem griffigen Unterscheidungsmerkmal dieser Herrscher von den Ottonen suchte. Er fand es in der Herkunft Konrads II. aus dem Volk der Salfranken, denn die Ottonen werden von ihm als «Könige aus dem Geschlecht der Sachsen» bezeichnet. So heißt es über den 1024 gewählten Herrscher: «Ein salischer König begann zu regieren; sein Name war Konrad. Sein Geschlecht dauert noch heute fort, wenn es nicht bald ausstirbt.»

Diese unter den Titel der *Reges Salici* gestellten Verse beabsichtigen, deutlich herauszustellen, daß mit der Erhebung Konrads II. eine neue Dynastie entstanden ist, denn Ekkehart spricht einige Zeilen vorher davon, daß «das Königtum mit dem allmählichen Aussterben des Geschlechts Karls des Großen durch Heinrich [I.] auf die Sachsen übergegangen» sei. Nach seiner Darstellung war also jeweils ein ganzes Volk Träger der Königsherrschaft. Die «Salischen Könige» repräsentierten deshalb für ihn vor allem eine Rechtsgemeinschaft, die schon in der Merowingerzeit die Herrscher gestellt hatte. Damit war eine Begriffsbildung vollzogen, die im frühen 12. Jahrhundert noch durchaus gewöhnungsbedürftig erschien. Denn bislang hatte man sich meist auf das alte System der Pluralisierung von Leitnamen (Ottonen, Karolinger etc.) verlassen. Lediglich in der Schicht der Burgherren war eine Ortsbezeichnung hinzugetreten, wie sie sich später auch in der postumen Bezeichnung der Salier als «Heinriche von Waiblingen» niederschlagen sollte. Dieser Name lebte dann in dem Ausdruck «Ghibellinen» fort. Für Ekkehart indessen war bei der Zuordnung nicht der Stammsitz entscheidend, sondern das Leben nach der *Lex Salica*, dem alten Volksrecht der Salfranken, deren Wurzeln angeblich über König Chlodwig I. bis in die Antike zu den Trojanern zurückreichten.

Überhaupt wird man dem oft rezipierten Geschichtsschreiber einen ganz wesentlichen Anteil daran zuschreiben dürfen, daß sich der Name Salier schließlich durchsetzte und man die mit ihm bezeichnete Personengruppe schon relativ früh als festgefügte Abstammungsgemeinschaft begriff. Man erkennt es nicht zuletzt an einer Handschrift, die offensichtlich auf eine Vorlage aus dem Jahre 1106 oder 1107 zurückgeht (*Abb. 2*). Gezeigt wird uns darin Kaiser Konrad II., der aber nicht als Einzelherrscher dargestellt ist, sondern vielmehr als Begründer eines ganzen Herrscherhauses erscheint. Deshalb sieht man ihn inmitten einer Hausarchitektur auf einem Thron sitzen, und er trägt eine Reihe von miteinander verbundenen Medaillons, auf denen man Brustbilder Heinrichs III., Heinrichs IV., Konrads (III.) und Heinrichs V. erkennt. Nur der erste und der letzte Herrscher halten dabei den Reichsapfel in der Hand. Symbolisch soll damit angedeutet werden, daß die Weitergabe der Hausherrschaft bis in die jüngste Vergangenheit hinein in dynastischer Kontinuität erfolgte.

Interessant ist natürlich die Frage, was man dabei unter dem Wort «Haus» verstand, denn das Wort *domus* konnte im frühen Mittelalter vier Bedeutungsinhalte besitzen: Es konnte das Gebäude oder den Wohnsitz meinen, es konnte sich auf die unter einem Dach zusammenlebende Personengruppe beziehen, es konnte den Besitz dieser Personengruppe umschreiben, und es konnte mit dem Geschlecht oder der Abstammungsgemeinschaft gleichgesetzt werden. Neben diesen vier Grundbedeutungen kannte das Frühmittelalter schließlich noch den Sammelbegriff des «ganzen Hauses». Damit bezeichnete man die gesamte Rechtssphäre, die der Verfügungsgewalt eines Hausherrn unterstand. Wir dürfen also feststellen: Das Wort «Haus» war damals genauso schillernd wie die mit ihm bezeichnete soziale Wirklichkeit. Es war durchaus der Einzelsituation überlassen, ob man eher an dingliche oder an personale Gegebenheiten dachte.

Im Unterschied dazu konzentrierten sich die Adels- und Königsfamilien des Hochmittelalters meist auf den Sammelbegriff, und es kam dabei zu einer wichtigen Neuerung: Man verstand das Wort «Haus» nicht mehr als die Rechtssphäre eines Einzelnen, die nach seinem Tod völlig neu konstituiert werden mußte, sondern sah die *domus* als den Besitz einer ganzen Abstammungsgemeinschaft an, die nicht mehr geteilt werden durfte. Auf der Ebene des Königtums ist diese Entwicklung zuerst zu beobachten. Denn bereits Otto der Große war der Ansicht, daß der Thron in Sachsen und Franken innerhalb der eigenen Nachkommenschaft an einen einzigen Erben weitergegeben werden müsse, und ähnlich äußerte sich auch Bischof Thietmar von Merseburg († 1018). Es heißt hierzu in seiner Chronik: «Wehe den Völkern, denen keine Hoffnung verbleibt auf die Nachfolge eines Sprossen ihrer Herren in der Königsherrschaft, denen durch inneren Zwist und langen Streit kein schneller Rat oder Trost vorauszusagen ist! Wenn freilich in der Linie der Blutsverwandtschaft kein für dieses Amt Geeigneter gefunden werden kann, dann sollte man wenigstens aus einer anderen [Abstammungsgemeinschaft] einen Kandidaten von gutem Lebenswandel aussuchen, aber unter Zurückstellung aller Feindschaft.»

Diese Sätze sind als eindeutige Befürwortung des dynastischen Prinzips der Individualsukzession zu verstehen, und tatsächlich läßt sich auch für die Salier nachweisen, daß sie ein transpersonales Hausverständnis entwickelten. Schon ihre nichtköniglichen Vorfahren hatten nämlich im Dom zu Worms eine Familiengrablege eingerichtet, und darüber hinaus gab es mit St. Lambrecht am Speyerbach bereits damals ein Kloster, dessen Vogtei jeweils an das älteste (männliche) Mitglied der Familie übergehen sollte. Offensichtlich haben die frühen «Salier», wie wir sie der Einfachheit halber einmal nennen wollen, also bereits ein ausgeprägtes Herkunfts- und Traditionsbewußtsein besessen. All dies wurde jedoch in Frage gestellt, als sie 1002 ihren Wormser Herrschaftsmittelpunkt verloren und sich über Jahre hinweg gegen König Heinrich II. († 1024) behaupten mußten. Erst eine erfolgreiche Fehde aus dem Jahre 1019 konsolidierte die Machtstellung der «salischen Konrade», jener beiden namensgleichen Vettern, die einander damals als Freunde, Verwandte und Rivalen verbunden waren. Man kann also sagen, daß ihr Bündnis gewissermaßen aus der Not des Augenblicks erwuchs, muß aber sogleich hinzufügen, daß dieses Bündnis ein entscheidender Grund für den Aufstieg Konrads II. zum Königtum war.

Vor diesem Hintergrund bedeutete der Tod Kaiser Heinrichs II., der ohne Söhne geblieben war, eine Chance und eine Belastung zugleich – eine Chance, weil beide Konrade als aussichtsreiche Thronkandidaten galten, und eine Belastung, weil sie sich untereinander über die Thronfolge einigen mußten. Der Geschichtsschreiber Wipo berichtet darüber: «Zwischen diesen beiden, dem älteren und dem jüngeren Konrad, schwankte der übrige Adel lange hin und her (…). Doch schließlich ergab es sich, daß sie untereinander ein Abkommen trafen (…).» Dabei soll Konrad der Ältere, der spätere König, folgende Worte gesprochen haben: «Es lag nicht in unserer Macht, die Würdigkeit von Vielen auf zwei einzuschränken. Aber die Wünsche, Absichten und Übereinkünfte der Franken, Lothringer, Sachsen, Bayern und Schwaben konzentrierten sich in bestem Willen auf uns, die Nachkommenschaft eines einzigen Geschlechtes, gewissermaßen auf ein einziges Haus (*una domus*) oder eine unauflösliche Hausgemeinschaft (…). Schon ist uns das höchste Amt und die größte Macht ganz nahe (…). Bleibt aber einem von uns all diese Würde, so wird auch der andere nicht auf eine gewisse Beteiligung an eben diesem Rang verzichten müssen.»

Dieser Bericht wurde mit etwa zwanzigjährigem Abstand zum Geschehen geschrieben. Er zeigt uns also zunächst nur, wie man zur Zeit Heinrichs III. († 1056) gedacht hat. Gleichwohl sind Wipos Aussagen von Belang, denn er war einer der Erzieher König Heinrichs und hatte für diesen schon im Jahre 1028 hundert Merkverse verfaßt, mit denen er sich auf das Herrscheramt vorbereiten sollte. In diesen Sinnsprüchen sind freilich noch keine Hinweise auf dynastische Gedanken zu finden. Aber Konrad selbst dachte offensichtlich schon in solchen Kategorien, denn er ließ seinen Sohn bereits mit zehn Jahren zum Mitkönig salben und feierte ihn anschließend in seinen Urkunden als «einzigartigen Sohn» und «Hoffnung des Kaisertums».

Damit wurde ein Gedanke ausgesprochen, der uns ziemlich deutlich auf die byzantinische Tradition des Mitkaisertums verweist. Aber klarer noch wird derselbe Zusammenhang, wenn man an zwei andere Zeugnisse – eine Bleibulle und eine Münze – denkt, auf denen Konrad zusammen mit seinem Sohn zu sehen ist. Beide Stücke folgen nämlich eindeutig einem byzantinischen Bildschema, ja die Münze weist sogar auf der Rückseite ein Brustbild der Gottesmutter auf – genau wie es damals am Bosporus üblich war. Überhaupt scheint die Verbindung zwischen Maria und der Hoffnung auf dynastische Fortsetzung der Herrschaft in der frühen Salierzeit ein durchaus geläufiges Bildmotiv gewesen zu sein, denn wir finden die ganze kaiserliche Familie – Konrad, Gisela und den kleinen Heinrich – auch auf einem Apsisfresko der Kathedrale von Aquileia zu Füßen der Gottesmutter, und schließlich ist noch das für den Dom zu Speyer bestimmte Evangeliar Heinrichs III. zu nennen, dessen Widmungsbild König und Königin unter das Patronat Mariens stellt (*Abb. 4*).

Alle diese bildlichen Darstellungen sind als symbolische Manifestationen dafür anzusehen, daß die ersten Salier um die Fürsprache der Himmelskönigin flehten, wenn es um den Fortbestand der eigenen Dynastie und die Hoffnung auf Kindersegen ging. Doch daneben haben sich auch zahlreiche andere Zeugnisse erhalten, die auf so etwas wie eine dynastische Marienfrömmigkeit schließen lassen. Das beginnt schon damit, daß Konrad II. der Schutzpatronin des Speyerer Doms eine großzügige Stiftung versprach, bevor er sich am 4. September 1024 in Kamba zum König wählen ließ; unter Heinrich III. kam es dann zu einer ganzen Schenkungsserie, die ihm den erhofften Thronerben verschaffen sollte. Und schließlich erreichten die Stiftungen unter Heinrich IV. und Heinrich V. einen glanzvollen Höhepunkt, denn damals wurde nicht nur der Neubau des Speyerer Doms fertiggestellt, sondern auch eine dynastische Königsgrablege geschaffen. Diese Grablege war freilich nicht von vornherein an so geplant. Am Anfang stand vielmehr die Idee des Stiftergrabes nach dem Muster der ottonischen Grabstätte in Quedlinburg, dann kam der Sarkophag Heinrichs III. hinzu, und am Schluß sorgte Heinrich V. dafür, daß auch er selbst und sein Vater in Speyer beerdigt wurden.

Der ==Mariendom zu Spey==er wurde dadurch zu einem ==Memorialzentrum ersten Ranges==. Aber es erscheint nicht unwichtig, sich noch einem weiteren Aspekt des salischen Hausverständnisses zu widmen, und wiederum ist es Wipo, der uns dabei auf die Sprünge hilft. In seiner Beschreibung der Regierungszeit Konrads II., den berühmten *Gesta Chuonradi*, findet sich nämlich nicht nur der Hinweis, daß man den königlichen Hof nach karolingischem und ottonischem Vorbild organisierte und den Aachener Thron Karls des Großen als «Erzsitz» (*archisolium*) des Reiches betrachtete. Es ist auch von einem Konflikt mit den Einwohnern von Pavia die Rede, denn diese hatten während der Thronvakanz des Jahres 1024 die einst von Theoderich erbaute und später von Otto III. prächtig ausgeschmückte Königspfalz einfach niedergerissen.

«Diese Frechheit» verursachte nach Wipo auf dem Hoftag zu Konstanz, im Juni 1025, «einen langen und schweren Streit zwischen dem König und den Pavesen. Die Bürger von Pavia erklärten nämlich: ‹Wen haben wir denn gekränkt? Unserem Kaiser haben wir bis an sein Lebensende Treue und Ehrerbietung erwiesen. Weil wir nach seinem Tod keinen König mehr hatten, kann man uns auch nicht rechtmäßig anklagen, wir hätten das Haus unseres Königs zerstört.› Der König erwiderte darauf: ‹Ich weiß, daß Ihr nicht das Haus Eures Königs zerstört habt, denn Ihr hattet ja damals keinen König. Aber Ihr könnt nicht leugnen, daß Ihr ein königliches Haus zerstört habt, und auch wenn der König tot ist, bleibt doch das Reich (*regnum*) bestehen, so wie ein Schiff erhalten bleibt, dessen Steuermann gefallen ist. Es ging hier um öffentliche, nicht um private Bauten; sie unterstanden fremdem Recht, nicht dem Eurigen. Weil Ihr Euch jedoch an fremdem Eigen vergriffen habt, seid Ihr dem König straffällig.›»

Liest man diese Worte, so liegen die unterschiedlichen Rechtspositionen klar auf der Hand: Die Pavesen rechneten die Pfalzen zwar zum dinglichen Substrat der königlichen Hausherrschaft; aber der Begriff des «Hauses» war für sie immer noch mit der Person des jeweiligen Herrn verbunden. Mit anderen Worten: Die *domus regis* wurde nur mit dem Herrschaftsbereich des jeweiligen Einzelkönigs gleichgesetzt, doch nicht als transpersonale Größe definiert. Maßgeblich war dabei die im frühmittelalterlichen Erbrecht ganz allgemein vertretene Überzeugung, daß eine Hausherrschaft spätestens mit dem Tode des Erblassers unter seine Söhne oder Brüder aufzuteilen sei; fehlten eindeutige Erbansprüche, dürfe sie aber als herrenloser Besitz gelten. Kurz und gut: Genau wie die Karolinger ihr Reich immer wieder in neue «Anteile» (*portiones*) oder Teilherrschaften (*regna*) aufgesplittert hatten, waren auch die Pavesen der Meinung, daß der Umfang einer Herrschaft stets an die Person und Lebenszeit eines Einzelnen gebunden bleibe.

Diesem genuin frühmittelalterlichen Verständnis von Haus und Herrschaft, setzte nun Konrad II. eine ganz andere Auffassung entgegen. Strenggenommen erfahren wir zwar nur, was Wipo über den Rechtskreis des Königtums dachte. Aber über den Inhalt dieser Ideen gibt es kaum einen Zweifel: Das Wort *regnum* wird als transpersonale Größe definiert, die auch dann bestehen bleibt, wenn der König stirbt. Dies gilt offensichtlich selbst dann, wenn eine neue Dynastie begründet wird. Gleichgültig ob man den Begriff *regnum* hier mit «Reich», «Königsherrschaft» oder «Reichsgut» zu übersetzen hat, bedarf er also in jedem Fall einer näheren Erklärung.

Man findet sie, wenn man auf die Unterscheidung zwischen «öffentlichen» und «privaten» Bauten achtet, denn diese stammt ohne Zweifel aus dem Römischen Recht, und danach war staatliches Eigentum prinzipiell unveräußerlich und blieb immer Zu-

Das erste deutsche Königshaus

behör des Reiches. Auf mittelalterliche Verhältnisse übertragen, bedeutete das, daß Reichsgut und Reichsrechte nur zum Nießbrauch an andere vergeben werden konnten, dabei aber niemals ihre Fiskalqualität verloren. Diese Auffassung wurde offenkundig auch von Konrad II. geteilt, denn wir erfahren von einer gerichtlichen «Untersuchung über die königlichen Güter» im Jahre 1027, die darauf abzielte, dem Reich entfremdete Besitzungen zurückzufordern. Damit wollte der Salier feststellen, was alles «rechtmäßig zum Thron seiner Kaiserherrschaft» gehöre. Konrad war also tatsächlich der Meinung, daß das Kaisertum eine transpersonale Rechtssphäre begründe, und Wipos Bericht erhält dadurch eine eindrucksvolle Bestätigung.

Überhaupt wird man sagen dürfen, daß das Hausdenken des Königs ziemlich fortschrittlich gewesen ist. Denn sowohl sein Bezug zum Römischen Recht als auch seine dynastische Komponente spiegeln ein neuartiges Herrschaftsverständnis wider. Gewiß sind Ansätze dafür schon in der Ottonenzeit erkennbar. Aber einen qualitativen Sprung hat Konrad in jedem Fall vollzogen, und die Salier sind dadurch zum ersten deutschen Königshaus geworden.

II. Ein gelungener Auftakt:
Die Regierungszeit Konrads II.
(1024–1039)

Die salische Dynastie ist bisher noch ohne Leben geblieben, sozusagen ein Gerippe ohne Fleisch und Blut. Aber dies ändert sich, sobald man erfährt, daß Konrad II. von einem seiner Zeitgenossen *idiota* genannt wurde. Damit war gemeint, daß er nicht schreiben und lesen konnte, und das war für einen Laienadligen nicht untypisch. Je nachdem, ob man bereits als Kind für das Königsamt ausersehen war oder sich lediglich als Fürst bewähren sollte, fiel die Erziehung junger Knaben recht unterschiedlich aus: Die einen lernten lediglich die «sieben Fertigkeiten» des adligen Kriegers, also Reiten, Schwimmen, Bogenschießen, Faustkampf, Jagd mit Greifvögeln, Schachspielen und Verseschmieden. Die anderen wurden hingegen zugleich in die «sieben freien Künste» eingeführt, vor allem in das «Trivium» (die Grammatik, Rhetorik und Dialektik), so wie es uns etwa für Heinrich III. und Heinrich IV. bezeugt ist. Die Zeit besaß also durchaus ein waches Empfinden dafür, daß es gut sei, wenn ein König die von ihm erlassenen Urkunden lesen könne. Aber als notwendige Voraussetzung betrachtete man das nicht – die «Eingangsqualifikationen» waren vielmehr ganz anderer Art.

Wiederum ist es Wipo, der uns davon eine anschauliche Vorstellung gibt. Er berichtet nämlich, daß Konrad II. von besonderer Tugend und Tüchtigkeit gewesen sei, hebt ferner die bis nach Troja führende Reihe seiner Ahnen hervor und unterstreicht drittens, daß er fehlende Ämter und Lehen durch vornehme Herkunft, persönliche Integrität und reichen Privatbesitz ausgeglichen habe. Diese Laudatio war gewiß dazu angetan, die genannten Defizite des Herrschers vergessen zu machen. Denn tatsächlich war Konrad das Königtum nicht einfach in den Schoß gefallen. Die Jahre in der Opposition gegen Heinrich II., eine schwere Verwundung, die ihn monatelang ans Bett fesselte, und eine (erfolgreich bestandene) Fehde gegen Herzog Adalbero von Kärnten – all dies hatte den ersten salischen König hart gemacht. Wir dürfen ihn uns als zwei Meter hohen Recken von außerordentlichen Körperkräften vorstellen, dem die Gicht mitunter schwer zu schaffen machte. Doch nichts wäre falscher, als in ihm einen politischen Neuling zu sehen, der die Spielregeln der Macht nicht rechtzeitig erlernt hätte.

Eine erste Kostprobe davon legte er schon ab, als er bei der Frage der Königswahl seinen gleichnamigen Vetter überspielte und das Kunststück einer einmütigen Entscheidung ohne Gegenkandidaten zustande brachte. Dabei gelang es ihm, die Unterstützung des Erzbischofs Aribo von Mainz zu gewinnen, der als Wahlleiter die erste Stimme abzugeben hatte. Aber schon die anschließende Königskrönung zeigte, wie dünn das Eis in Wirklichkeit war, auf dem sich Konrad bewegen mußte. Aribo weigerte sich nämlich, neben dem Salier auch dessen Gemahlin Gisela am 8. September 1024 im Dom zu Mainz die Salbung zu erteilen, und so konnte ihre Weihe erst 13 Tage später in Köln stattfinden.

Die Hintergründe für diese merkwürdige Verzögerung werden sich wohl nie ganz aufklären lassen, aber sie sind wohl vor allem in zu naher Verwandtschaft der beiden Ehegatten zu suchen, denn in diesem Punkt war Aribo unerbittlich: Eine Verwandtenehe durfte niemals seinen Segen finden. Konrad fand jedoch einen passablen Ausweg. Er ließ sich zunächst allein die Salbung an Haupt, Brust, Schultern und Armen erteilen und bat anschließend Erzbischof Pilgrim von Köln um Hilfe, der zu Aribo in einem gewissen Konkurrenzverhältnis stand und das Kirchenrecht nicht ganz so penibel handhabte.

Dieser Kompromiß ist als taktische Meisterleistung zu bezeichnen, da er allen Beteiligten ermöglichte, ihr Gesicht zu wahren. Aber er dokumentiert uns auch, wie wichtig es für Konrad war, seine Herrschaft sakral legitimieren zu lassen. Ohnehin achtete der Salier peinlich genau darauf, daß sein Regierungsantritt in den richtigen Formen ablief. Am 4. September 1024 durch Akklamation und Huldigung der Großen zum König erhoben, ließ er sich erst nach seiner Wahl die Insignien aushändigen und bekundete noch vor seiner Weihe die Herrschertugend des Erbarmens, indem er drei bedürftigen Bittstellern rechtliches Gehör schenkte. Kurz darauf zog er nach Aachen, um sich auf den steinernen Thron Karls des Großen zu setzen, und vollzog anschließend einen gewaltigen Umritt im Reich, den seine Umgebung mit den Worten kommentierte: «An Konrads Sattel hängen Karls Bügel», was wohl heißen sollte, er habe soviel Tatkraft wie Karl der Große besessen.

Diese Worte sind sicherlich als Herrscherlob zu deuten, an dem man üblicherweise erhebliche Abstriche macht. Gleichwohl wird man nicht umhin können, auch dem weiteren Ereignisverlauf eine große Geschwindigkeit zu attestieren. Schon im Februar 1026, zu einer ganz ungewöhnlichen Jahreszeit, brach der Salier nämlich mit Heeresmacht nach Italien auf, empfing dort die Krone des Langobardenreichs und setzte sich anschließend in der Poebene fest. Dabei hatte er mitunter hartnäckigen Widerstand zu brechen. Die Einwohner von Ravenna zum Beispiel gerieten in offenen Aufruhr, den er nur mit militärischer Gewalt, schweren Bußzahlungen und einem formellen Unterwerfungsakt zähmen konnte. Aber am Ende behielt Konrad fast überall die Oberhand und erlangte schon zu Ostern 1027 in Rom die Kaiserkrone.

Diese geradezu beispiellose Erfolgsgeschichte hat die Forschung viel beschäftigt. Denn das, was Otto der Große erst nach langen Jahren erreichte, was viele Kaiser ganz vergeblich erstrebten – eine unangefochtene Herrschaft in Oberitalien –, scheint Konrad keinerlei Probleme bereitet zu haben. Eine nähere Betrachtung zeigt freilich, daß dem nicht so war. Der König hielt sich nämlich ziemlich strikt an die Faustregel, daß man sich in fremden Regionen nur dann behaupten könne, wenn man sich beim Reisen der Flußläufe bediene und gebirgige Gegenden möglichst meide. Immer wieder sind uns daher Aufenthalte Konrads am Po und seinen Nebenflüssen bezeugt. Die Lombardei stieg dadurch fast zu einer Kernlandschaft auf. Dennoch zögerte Konrad, in die gewachsene Sozialstruktur einzugreifen. Sein Königtum blieb deshalb zunächst eine Fremdherrschaft, die sich klug mit den örtlichen Gegebenheiten zu arrangieren verstand.

Konrad II. (1024–1039)

Daß dies auch für das Papsttum und Mittelitalien galt, sieht man schon daran, daß Konrad nur etwa zehn Tage in Rom verweilte und auch keinerlei Anstrengungen machte, im Latium oder auf dem Apennin Fuß zu fassen. Sein schon im Juni 1026 eingeführter Titel eines «Königs, der zum Kaisertum über die Römer bestimmt» sei (*rex ... ad imperium designatus Romanorum*), ist daher nicht als realpolitischer Anspruch zu verstehen. Er war eher ein ideeller Wert, der kaum zu praktischen Konsequenzen führte. Dank dieser klugen Zurückhaltung konnte der Salier schon im Juni 1027 ohne Schwierigkeiten in die Heimat zurückkehren. Denn die Autorität eines Herrschers hing damals weit weniger von den tatsächlichen Kräfteverhältnissen ab als von den symbolischen Akten, bei denen man seinen Rang zur Schau stellen konnte. Krönungen – wie die Konrads zum König der Langobarden und Kaiser der Römer – waren deshalb viel wirksamer als erfolgreiche Kriegszüge. Etwas verkürzt kann man sagen: Es kam lediglich darauf an, sich in den Machtzentren Rom, Mailand und Pavia durchzusetzen, um auch in Italien als legitimer Herrscher zu gelten.

Im Unterschied dazu mußte sich Konrad nördlich der Alpen auch darum bemühen, möglichst viele Große zu persönlicher Loyalität zu verpflichten und Konflikte tatsächlich siegreich auszutragen. Aber dafür konnte er hier davon profitieren, daß schon sein Vorgänger eine Reihe von Machtmechanismen entwickelt hatte, die er bloß zu imitieren brauchte. So kam es erneut zu einer Zentralisierung der Herrschaftsgewalt, die im wesentlichen auf drei Komponenten beruhte: der häufigen Präsenz des Kaisers in den Kernlandschaften des Reichs, der allmählichen Einschränkung der Herzogsgewalten und der intensiven Nutzung der Reichskirchen. Diese drei Komponenten gilt es nun etwas genauer zu betrachten. Aber man kann dies nicht tun, ohne zuvor noch einmal die Funktion der Herrschaftsrepräsentation hervorzuheben. In einer Gesellschaft, die fast ausschließlich aus Analphabeten bestand und die sich Jahr für Jahr fragte, gegen wen der nächste Krieg ausgetragen werde, war es nämlich von entscheidender Bedeutung, daß sich der König immer wieder auf Versammlungen zeigte, seinen Platz als oberster Richter und Feldherr behauptete und seinen Rang bei Festgottesdiensten und Prozessionen zur Schau stellte – doch dazu bedurfte es eines ganzen Arsenals von zeichenhaften Handlungen.

Eine der wichtigsten war dabei jener Vorgang, den man später als Investitur bezeichnete: die zeremonielle Einweisung in ein Kirchenamt durch die Übergabe eines entsprechenden Rechtssymbols. Sie geschah bei Bischöfen und Äbten meist dadurch, daß ihnen der König noch vor der Weihe persönlich den Krummstab in die Hand drückte und die Worte sprach: «*Accipe ecclesiam* – Empfange die Kirche!» Der Rechtsakt brachte also vor allem die Verleihung einer sachenrechtlichen Verfügungsgewalt zum Ausdruck und wurzelte im Eigenkirchenwesen. Adlige Grundherren führten nämlich ganz ähnlich in niedere Kirchenämter ein, indem sie den Klerikern ein Altartuch, Kirchenbuch oder Glockenseil übergaben. Der Sinn der Investiturpraxis bestand somit darin, allen Anwesenden vor Augen zu führen, daß der weltliche Herrscher – und niemand sonst – als Eigentümer der jeweiligen Abtei oder Bischofskirche anzusehen sei.

Diesem Befund entspricht es, daß die Reichskirchen in besonderer Weise gesichert wurden: Sie erhielten Immunität und Königschutz. Kein Graf oder sonstiger Vertreter des Herrschers durfte daher ihr Land in amtlicher Eigenschaft betreten, dort Steuern und Abgaben einziehen oder Straftäter festnehmen und aburteilen. Die beschützten Institutionen erhielten vielmehr das Recht, direkt an den Königshof zu appellieren, ja es wurden ihnen sogar häufig Hoheitsrechte wie Markt, Zoll oder Münze übertragen, selbst ganze Grafschaften gerieten in Bischofshand. Damit war beabsichtigt, den König in seinen Herrschaftsaufgaben zu entlasten, aber natürlich waren die Reichskirchen auch zu Gegenleistungen verpflichtet. Die wichtigsten bestanden darin, dem Hof in Friedenszeiten Naturalabgaben (das sogenannte *servitium regis*) zur Verfügung zu stellen und ihn auf der Heerfahrt mit Panzerreitern zu unterstützen. Daneben ist uns allerdings auch bezeugt, daß Bischöfe bei ihrer Investitur Handgang und Treueid leisteten.

Um dieses System eines geistlich-weltlichen Synergismus in

Gang zu halten, war es erforderlich, daß der Herrscher mit seinem Hof von Ort zu Ort reiste. Interessanterweise bedeutete dies aber nicht, daß er stets in Klöstern oder Bischofsstädten Station machte. Die wesentliche Versorgungsbasis lag vielmehr in den großen Königsgutkomplexen, die von den Pfalzen aus direkt verwaltet wurden, und wie in der Ottonenzeit lassen sich dabei drei regionale Schwerpunkte ausmachen, die man als Kernräume der unmittelbaren Königsherrschaft bezeichnen kann. Konrad II. hielt sich demzufolge besonders häufig in einer Art «magischem Dreieck» zwischen Nimwegen, Merseburg und Worms auf. Ostsachsen und Nordthüringen erlangten dabei mit fast 20% aller sicher bezeugten Aufenthaltszeiten den Spitzenwert, Rheinfranken folgte mit 12,5%, und Niederlothringen erlebte immerhin noch 9% der Regierungstage. Diese Zahlen belegen, daß es offenbar nicht möglich war, die Reisepfalzen über Nacht auszuwechseln und neue Königslandschaften zu formieren. Der Herrscher blieb vielmehr an die Versorgungsbasis seiner Vorgänger gebunden; Schwaben, Bayern und Oberlothringen wurden deshalb recht selten besucht.

Herzog Ernst

Kann man somit schon am Reiseweg Konrads ablesen, daß Kontinuität zu seinem Vorgänger und nicht etwa ein abrupter Wechsel den Regierungsstil prägten, so gilt Vergleichbares auch von seinem Versuch, die vizekönigliche Gewalt der Herzöge einzuschränken. Der Salier beschritt nämlich auch in dieser Hinsicht die Bahnen seines Amtsvorgängers. Es kam ihm also vor allem darauf an, adlige Machtballungen zu zerschlagen und die Kompetenzen der Herzöge einzuschränken. Diese Konzeption war freilich nicht unbedingt von langer Hand geplant, sondern erwuchs wohl eher aus der Not des Augenblicks. Von den acht Großen, die uns Wipo zum Jahre 1024 als Herzöge bezeugt, waren nämlich vielleicht nur ein oder zwei bei der Königswahl Konrads zugegen, und tatsächlich läßt sich bereits für 1025 eine erste Aufstandsbewegung nachweisen, an der außer Konrad dem Jüngeren und Friedrich von Oberlothringen auch der junge

Herzog Ernst von Schwaben, des Königs eigener Stiefsohn, beteiligt war.

Allerdings sind die Motive dieser Verschwörung nicht ganz klar. Handelte es sich um eine jener Fehden, bei denen es bloß um gekränkte Eitelkeit und die soziale Rangordnung ging? Oder verbarg sich dahinter mehr, nämlich der Plan einer Reichsteilung und die Absicht, den kinderlosen König Rudolf von Burgund zunächst zu einem Bündnis zu gewinnen und ihn später zu beerben? Diese Fragen sind schwer zu beantworten, aber die Quellen bezeugen immerhin, daß Konrad II. vorsorglich die burgundische Grenzstadt Basel besetzte und dort anschließend sogar einen neuen Bischof erhob. Damit warf er gewissermaßen den Fehdehandschuh, denn Rudolf wollte ihn nicht wie Heinrich II. zum Erben seines Reiches einsetzen, sondern dürfte eher an Herzog Ernst von Schwaben, Herzog Konrad den Jüngeren oder den Grafen Odo von Blois und der Champagne gedacht haben, die allesamt mit ihm verwandt waren.

So spitzte sich der Konflikt rasch zu. Obwohl sich Herzog Ernst schon am 2. Februar 1026 in Augsburg demütig unterwarf, obwohl er seinen Stiefvater anschließend nach Rom begleitete und obwohl sich König Rudolf bereitfand, der Kaiserkrönung Konrads beizuwohnen, kamen die Dinge nicht mehr zur Ruhe. Der schwäbische Graf Welf II. führte nämlich in Abwesenheit des Saliers eine schwere Fehde gegen Bischof Bruno von Augsburg und schnitt Konrad damit den Rückzug über den Brenner und Reschen ab. Dieser scheint die Gefahr sofort erkannt zu haben, denn es sind uns aus den Jahren 1026/27 gleich vier Diplome bekannt, die auf eine Sicherung der Alpenpässe in Bayern und Schwaben abzielten; zudem erfahren wir, daß der Kaiser seinem Stiefsohn gerade damals die Abtei Kempten zu Lehen gab, um ihn zum Kampf gegen den Welfen zu ermuntern.

Damit hatte er allerdings den Bock zum Gärtner gemacht, denn Herzog Ernst dachte gar nicht daran, gegen Welf vorzugehen, sondern nutzte seine vorzeitige Rückkehr aus Italien, um sich mit Herzog Friedrich von Oberlothringen, Graf Werner von Kyburg, Herzog Konrad dem Jüngeren und dem um seine Grafschaftsrechte in Südtirol gebrachten Welfen zu verbünden, im Elsaß gegen des Kaisers Vetter Hugo von Egisheim zu heeren und anschließend nach Solothurn in Burgund zu ziehen. Ziel dieser Aktionen war es wohl, König Rudolf von Burgund doch noch zu einer Erbabtretung zu bewegen und ein Alpenreich zu errichten, daß vom Rhone- und Sâone-Tal im Westen bis zur Etsch im Osten, ja vielleicht sogar bis Kärnten reichen sollte. Aber der Plan mißlang, da Friedrich von Oberlothringen starb, noch bevor er das Schwert ergreifen konnte, und Rudolf sich weigerte, seinen Großneffen auch nur bei sich aufzunehmen.

Der Aufstand war damit schnell zum Scheitern verurteilt. Zwar richtete Herzog Ernst in Schwaben noch schweren Schaden an, indem er die Bodenseeklöster St. Gallen und Reichenau zur Plünderung freigab. Aber er bemerkte dabei nicht, daß er sein Konto längst überzogen hatte. Auf dem Hoftag zu Ulm, wo er im Juli 1027 mit dem Kaiser ein Abkommen treffen oder sich endgültig von ihm abwenden wollte, ließen ihn jedenfalls seine eigenen Bundesgenossen im Stich. Zur Begründung sollen ihre Wortführer, zwei alemannische Grafen, gesagt haben, daß ihr Treueid ihm gegenüber nicht gelte, wenn er sich gegen den gemeinsamen Herrscher wende. Damit war das Schicksal des jungen Herzogs besiegelt. Er ergab sich und wurde in die Burg Giebichenstein bei Halle abgeführt.

Dieses Geschehen ist wohl als die entscheidende Voraussetzung dafür anzusehen, daß sich König Rudolf von Burgund schon wenig später bei Basel mit dem Kaiser traf, mit ihm Frieden schloß und ihn als Erben seines Reiches einsetzte. Doch Herzog Ernst scheint seine Lage auch nach seiner Begnadigung (1028) verkannt zu haben. Als ihm der schwäbische Dukat zu Ostern 1030 nur unter der Bedingung erhalten bleiben sollte, daß er gegen seinen ehemaligen Kampfgenossen Werner von Kyburg zu Feld ziehen würde, wies er das Angebot zurück. Konrad II. verlieh daraufhin die Herzogswürde an seinen jüngeren Stiefsohn und ließ über die beiden Renegaten Acht und Bann verhängen. Dies bedeutete, daß Ernst und Werner von nun an vogelfrei waren und all ihre Güter verloren. Vergeblich riefen sie Graf Odo von der Champagne um Hilfe an. Am Ende wurden sie im Schwarzwald zusammengehauen und getötet.

Als der Kaiser davon erfuhr, soll er nur gesagt haben: «Selten bekommen tollwütige Hunde eigenen Nachwuchs.»

Diese sarkastische Bemerkung war sicherlich ungewöhnlich, traf sie doch den eigenen Stiefsohn. Ungewöhnlich war aber auch, daß Herzog Ernst überhaupt zweimal begnadigt worden war. Dennoch ist der Vorgang nicht ohne Parallelen. Bei den Aufständen gegen Otto den Großen war nämlich ganz Ähnliches vorgekommen, und auch damals hatte der Gedanke, die eigenen Anhänger zu schützen, eine wichtige Rolle gespielt. So überrascht es nicht, daß die mittelhochdeutsche Dichtung vom *Herzog Ernst* die beiden Stoffe später vermischte. Was an dieser Stelle zutage trat, war das Bedürfnis, vor autokratischer Herrschaft zu warnen, und damit hat die Dichtung das Geschehen der Jahre 1025 bis 1030 vielleicht tiefer begriffen als mancher Forscher. Es ging nicht so sehr um persönliche Animositäten als um einen fehlenden Interessenausgleich. Der Bericht Wipos über die scheinbar so einmütige Königswahl zu Kamba verdeckt also eher die Schwierigkeiten, als daß er sie enthüllt.

Burgund, Italien und das Reich

Überhaupt sollte man sich davor hüten, die *Gesta Chuonradi* allzu unkritisch zu lesen, denn sie setzen in der Stoffauswahl ganz eigene Akzente. Das beginnt damit, daß den Ereignissen in Italien unangemessen viel Raum zugeteilt wird, obwohl sich Konrad dort gerade mal drei von fünfzehn Regierungsjahren aufgehalten hat. Es setzt sich fort in der übergebührlich langen Schilderung der Vorgänge in Burgund und wächst sich hinsichtlich der Berichterstattung über das Verhältnis Konrads zu den Bischöfen und Herzögen, Grafen und Ministerialen zu einem echten Dilemma aus. Wipo beschränkt sich hier nämlich auf wenige Andeutungen, und die Forschung hat lange gebraucht, um diese Lücke zu schließen. Im Ergebnis ist dabei herausgekommen, daß Konrads «Innenpolitik» verhältnismäßig pragmatisch war, jedenfalls kaum konzeptionelle Züge erkennen läßt. Vielleicht hat er gerade deshalb erreicht, daß sein Sohn Heinrich III. schon 1027 das Bayernherzogtum erhielt, ein Jahr später zum Mitkönig gesalbt wurde und 1038 neben dem Herzogtum Schwaben auch noch die Krone Burgunds übernahm.

Damit ist bereits ein Stichwort genannt, das einer kurzen Nachfrage bedarf: Was hatte die fünf Jahre zuvor erfolgte Eroberung Burgunds eigentlich für Konrad zu bedeuten? Die Antwort ist simpel: Sie stieß vor allem das Tor nach Italien weiter auf und half, die Entstehung eines mächtigen Mittelreichs zu verhindern, denn Odo von Blois und der Champagne hatte sich nach Kräften gegen die burgundische Thronfolgeregelung von 1027 gewehrt. Noch im Todesjahr Rudolfs von Burgund († 1032) war er bis nach Vienne und Aosta vorgedrungen. Erst ein Winterfeldzug Konrads, bei dem die Hufe der Pferde angeblich des Nachts auf dem eisigen Boden anfroren, seine Krönung im burgundischen Peterlingen am 2. Februar 1033 und sein Bündnis mit dem westfränkischen König Heinrich I. verlagerten die Kämpfe allmählich nach Lothringen und in die Champagne. Im Herbst desselben Jahres sah sich Odo zum Friedensschluß genötigt und unterwarf sich dem Kaiser am 1. August 1034 in Genf. Burgund wurde damit endgültig in das salische Reich integriert.

Diese Ereignisfolge macht verständlich, wieso sich Konrad schon im Jahre 1033 entschloß, seine Urkunden mit einer Metallbulle zu schmücken, die sein Kaisertum betonte und ein stilisiertes Stadtbild der *Aurea Roma* zeigte. Aber die Umschrift: «Rom, das Haupt der Welt, lenkt die Zügel des Erdkreises» mußte erst noch mit Inhalt gefüllt werden, denn das Verhältnis zu den Nachbarn im Osten und Norden war keineswegs einfach. Konrad gelang es jedoch, den Böhmenherzog zu bewegen, ihm zu huldigen, und die Beziehungen zu den Elbslawen, Polen, Dänen und Ungarn zu stabilisieren. Mußte er dabei auch mancherlei Rückschläge in Kauf nehmen, so konnte er am Ende jedwede Bedrohung seiner Herrschaft ausschalten; es war ihm sogar gelungen, sich des unbequemen Herzogs von Kärnten zu entledigen.

Das hierzu erforderliche Absetzungsverfahren stieß freilich auf erhebliche Schwierigkeiten. Denn der Herrscher traf im Mai 1035, auf dem Hoftag zu Bamberg, ganz unvermutet auf den Widerstand seines Sohns und Mitregenten, des damals gerade 17jährigen Königs Heinrich III., der sich dem Angeklagten gegenüber eidlich verpflichtet hatte. So mußte Konrad erst durch einen inszenierten Ohnmachtsanfall eine Unterbrechung des Hoftags erzwingen, bevor eine Lösung gefunden werden konnte. Der Kaiser mußte dabei vor seinem eigenen Sohn bittend in die Knie gehen, um seinen Willen durchsetzen zu können. Symbolisch wurde damit angezeigt, daß Heinrich tatsächlich ein Veto-Recht besaß, sich indes einer Bitte seines Vaters nicht verschließen durfte.

Dieser höchst merkwürdige Vorfall läßt erkennen, daß Konrad II. alles andere als ein absolutistischer Herrscher war. Er hielt sich vielmehr an bestimmte Rechtsnormen. Aber es wäre voreilig, ihm deshalb gleich den Verlust seiner Handlungsfreiheit zu attestieren, denn in ähnlicher Weise wie er hatte sich schon Heinrich II. gegen die Bischöfe durchgesetzt, als es 1007 um die Gründung des Bistums Bamberg gegangen war. Etwas zugespitzt kann man sagen, daß die christlichen Verhaltensregeln jeden Gesalbten verpflichteten, Gnade vor Recht ergehen zu lassen, wenn sie öffentlich darum gebeten wurden. Das Ereignis von 1035 ist also nicht als nachhaltiger Autoritätsverlust Konrads zu bewerten, sondern belegt nur die Existenz einer gleichsam gratialen Herrschaftsordnung.

Diese von der kirchlichen Bußpraxis beeinflußte Regierungsform spiegelte sich auch in den Insignien. Der Kaiser trug nämlich nicht nur den Reichsapfel, ein Sinnbild für die Herrschaft des Gekreuzigten über die Welt. Er hatte bei festlichen Gelegen-

Abb. 3: Von *Konrad II.* getragene Reichskrone (Wien, Kunsthistorisches Museum; Photo: akg-images)

heiten auch jene Krone auf dem Haupt, die die deutschen Könige und Kaiser erst 1806 ablegen sollten *(Abb. 3)*. Ihre Entstehungszeit ist freilich umstritten; wahrscheinlich handelt es sich um ein ottonisches Herrschaftszeichen, das von Konrad nachträglich mit Bügel und Stirnkreuz versehen wurde. Jedenfalls waren auf seinen Bildplatten schon zu seiner Zeit alttestamentliche Propheten und Könige zu sehen, und eine ihrer Inschriften verkündete: «*Honor regis iudicium diligit* – das Amt des Königs liebt den gerechten Urteilsspruch.»

Diese fundamentale Handlungsmaxime findet sich auch in Wipos Gesta Chuonradi. Aber sie mußte natürlich immer wieder in die Tat umgesetzt werden, und den prominentesten Anlaß dazu boten soziale Spannungen, die sich 1035 in der Lombardei entluden. Ein Chronist berichtet darüber: «In Italien erhoben sich die niederen Ritter gegen ihre Herren und gründeten eine gewaltige Schwureinung, da sie nach eigenen Gesetzen leben und jene unterdrücken wollten.» Damit wird der Sachverhalt freilich etwas vergröbernd beschrieben. Denn eigentlich waren es nicht nur die kleineren Valvassoren, sondern auch ihre Lehnsherren, die *vasvasores maiores* (später meist «Capitane» genannt), die sich gegen die Fürsten auflehnten. Außerdem könnte man den Zusammenhang auch umgekehrt formulieren: Die nichtfürstlichen Ritter wollten es nicht länger hinnehmen, der Willkür der Bischöfe, Äbte und Grafen rechtlos ausgeliefert zu sein, sondern verlangten nach einer neuen Gesellschaftsordnung.

Dieses Begehren wurde von Konrad II. als berechtigt anerkannt. Zwar heißt es in seinem berühmten Lehnsgesetz von 1037, der sogenannten *Constitutio de feudis*, sie sei erlassen worden, «um die Gemüter von Lehnsherren und Rittern miteinander auszusöhnen» und den Funktionszusammenhang von Herrschaft und Dienst wiederherzustellen. Aber die anschließend verkündeten Einzelbestimmungen begünstigten lediglich die eine Seite: Die Lehen der großen und kleinen Ritter wurden als prinzipiell erblich anerkannt, und kein Fürst sollte es fürderhin wagen, ihnen diese Lehen zu entziehen, es sei denn ihre Schuld wäre erwiesen und durch ein Urteil ihrer Standesgenossen rechtskräftig bestätigt. In Streitfällen durften die ranghöheren Valvassoren sogar an das Königsgericht appellieren; die Sachen der kleineren Ritter sollten im Gericht eines Fürsten oder Königsboten ihre Revisionsinstanz finden. Zugleich wurde den fürstlichen Lehnsherren verboten, die Lehen ihrer Ritter ohne deren Zustimmung durch Tausch, Landleihe oder Pacht an andere weiterzugeben.

Dieses bemerkenswerte Gesetz mag vielleicht den Eindruck hervorrufen, Konrad sei eine Art Sozialrevolutionär gewesen. Aber es war nicht so. Sein Koalitionswechsel zu den Valvassoren wurde ihm vielmehr von außen aufgezwungen. Die lombardischen Bischöfe, an ihrer Spitze Aribert von Mailand, waren keineswegs damit einverstanden, von ihren bisherigen Praktiken abzugehen und sich dem Urteil des Königsgerichts zu fügen. So kam es zu kriegerischen Auseinandersetzungen, ja sogar zu einer vergeblichen Belagerung Mailands, bei der sich Aribert auf große Teile der Bevölkerung stützen konnte. In diesem Zusammenhang ist uns übrigens zum ersten Mal der *carroccio*, der berühmte Mailänder Fahnenwagen, bezeugt, der als Sinnbild der kommunalen Identität gelten darf. Die Haltung Konrads scheint also die sozialen Gräben eher vertieft als eingeebnet zu haben.

Trotzdem kann man seinen zweiten Italienzug insgesamt als Erfolg bewerten. Auch wenn sich der Salier nicht gegen Aribert durchsetzen konnte, gelang es ihm nämlich, den Papst sowie den mächtigen Markgrafen von Canossa auf seine Seite zu ziehen. Über Florenz und Arezzo ging es daher bald nach Süditalien. Bis Benevent gelangte das kaiserliche Heer, und nur der Ausbruch einer großen Seuche bewirkte, daß man 1038 über Burgund eilends in die Heimat zurückkehren mußte.

Dort angekommen, hatte Konrad nur noch wenig Zeit, um Vorkehrungen für seine Nachfolge zu treffen. Sie begannen bereits in Solothurn, wo er die Großen Burgunds auf seinen Sohn einschwören ließ. Fast zur selben Zeit wurde Heinrich III. auch noch zum Nachfolger für den in Italien verstorbenen Schwabenherzog Hermann bestellt, und schließlich tat Konrad alles, um die Verhältnisse im Reich zu ordnen. In einem letzten Kraftakt reiste er von Benevent bis zum Oberrhein, von dort ging es weiter über Rheinfranken nach Sachsen, und am Schluß besuchte Konrad den Niederrhein. Allen Kernlandschaften des Reiches stattete der Kaiser also noch einmal persönlich einen Besuch ab. Freilich litt er bereits unter unerträglichen Schmerzen, als er 1039 das Pfingstfest in Utrecht feierte.

Hier ist Konrad II. gestorben, und er starb, wie er gelebt hatte – voller Vertrauen in die Gnadenmittel des Himmels. Wipo erzählt uns darüber: Zunächst befahl der Herrscher, Sohn und Gattin vom Mittagstisch zu rufen, um Abschied zu nehmen. Dann ließ er sich im Beisein mehrerer Bischöfe «Leib und Blut des Herrn und ein heiliges Kreuz mit Heiligenreliquien bringen», empfing nach aufrichtiger Beichte die Absolution und «schied am Montag, den 4. Juni, (...) aus diesem Leben». Seine Eingeweide wurden direkt an Ort und Stelle beigesetzt. Den «übrigen, denkbar prächtig umhüllten und eingesargten Leichnam» aber geleiteten die Kaiserin und ihr Sohn Heinrich in einer feierlichen Schiffsprozession nach Köln, führten ihn dort durch alle Klöster und Stifte der Stadt, machten es später in Mainz, Worms und den dazwischen liegenden Orten ebenso und setzten ihn schließlich am dreißigsten Tag nach seinem Tod in Speyer bei. Augenzeugen berichteten hierüber, des Kaisers Sohn, König Heinrich, habe selbst an allen Kirchenportalen und zuletzt auch bei der Beisetzung des Vaters Leib in demütiger Verehrung auf seine Schultern gehoben.

Überblickt man diese Szenenfolge, so wird man sagen dürfen, daß die Etikette des Todes in der Tat hinreichend Beachtung fand: Konrad II. starb mit den Sakramenten der Kirche; dann ruhten dreißig Tage lang fast alle Regierungsgeschäfte, denn sein Sohn konzentrierte sich darauf, dem toten Vater das letzte Geleit zu geben. Auch die Ausgrabungen im Speyerer Dom haben diesen Eindruck bestätigt. In Konrads Sarkophag hat man nämlich nicht nur eine Bleitafel mit näheren Angaben über sein Todesdatum, seine Regierungszeit und seine Beisetzung gefunden; es ist auch eine Grabkrone aus vergoldetem Kupferblech ans Tageslicht gekommen, die man zweifellos als «Krone des Ewigen Lebens» deuten darf. Als «Ackerer des Friedens» wird der Salier hier durch eine Inschrift bezeichnet, und tatsächlich war das «Ackern im Weinberg des Herrn» wohl sein Lebensinhalt.

Abb. 4: Maria als Schutzpatronin des Speyerer Doms
und der salischen Kaiserdynastie. Links ist König Heinrich III. zu sehen,
rechts seine Gemahlin Agnes von Poitou. Evangeliar Heinrichs III. für Speyer
(Madrid, Escorial Cod. Vitrinas 17, fol. 3r).

III. Höhepunkt und Peripetie: Heinrich III. als Herrscherpersönlichkeit (1039–1056)

Mit Heinrich III. begegnen wir einem Herrscher, der uns in den Quellen als ausgesprochen gutaussehend beschrieben wird. Schwarzhaarig und hochgewachsen, den Bart nach der neuesten Mode geschoren und in kostbare Kleidung gehüllt – so müssen wir uns den Salier vorstellen. Was aber wissen wir sonst über den König? Begnügen wir uns zunächst mit einigen äußeren Fakten, so lassen sich folgende Feststellungen treffen: Heinrich wurde am 28. Oktober 1017 geboren, und sein Herrscheramt wurde ihm zwar nicht buchstäblich in die Wiege gelegt, doch erlangte er bereits als zehnjähriges Kind die Salbung zum Mitkönig. Schon damals als «Hoffnung des Kaisertums» (*spes imperii*) gepriesen, heiratete er als Achtzehnjähriger eine dänische Königstochter, wurde schon mit Zwanzig zum Witwer und stieg mit 21 zu alleiniger Herrschaft auf. Vier Jahre später verheiratete er sich ein zweites Mal, und zwar mit Agnes von Poitou, der Tochter des Herzogs von Aquitanien, empfing dann zu Weihnachten 1046 in Rom die Kaiserkrone und wurde bereits ein Jahrzehnt später in Bodfeld am Harz jäh aus dem Leben gerissen. Siebenmal ist Heinrich III. Vater geworden, doch der ersehnte Thronerbe wurde ihm erst im Jahre 1050 geboren. Mehr als 17 Jahre hat er das Reich regiert, aber nicht weniger als 15 davon waren von der Frage überschattet, wer dereinst sein Nachfolger werden würde.

Die Forschung hat dieses ungewöhnlich reiche, aber auch von vielen Widrigkeiten begleitete Leben meist unter dem Gesichtspunkt der historischen Größe betrachtet. Aber mindestens genauso interessant ist es, einmal auf das Menschliche zu achten. Man trifft dabei auf eine unübersehbare Tatsache: Heinrich war von einer tiefen Religiosität geprägt. «Solange wir leben, dürfen wir niemals unseren überaus teuren Vater vergessen», heißt es etwa in einer Schenkung für die Grabkirche Konrads II. in Speyer; und dem Aachener Marienstift machte es der Herrscher ausdrücklich zur Auflage, das Jahrgedächtnis seines Vaters und seiner früh verstorbenen Frau Gunhild stets mit Meßfeiern und Nachtoffizien zu begehen und später mit seinem eigenen Todestag und dem seiner Mutter genauso zu verfahren. Einen wirklichen Höhepunkt erreichte dieses gewissermaßen familiäre Engagement für das Jenseits freilich erst ab 1043, dem Todesjahr seiner Mutter, denn der Dom zu Speyer wurde nun zu einem gewaltigen Bau erweitert, der König bedachte das «zu Ehren der hochheiligen Jungfrau Maria» errichtete Gotteshaus zudem mit einer Fülle von Schenkungen, unterstrich dabei, daß dies die Kirche sei, «in der die Leiber unseres Vaters und unserer Mutter begraben liegen,» und stattete seinem «geliebten Ort Speyer» wenn möglich jedes Jahr einen Besuch ab.

Diese tiefe Frömmigkeit hatte Heinrich sicherlich in erster Linie seinem Elternhaus zu verdanken, aber sie wurde auch dadurch gefördert, daß er bereits in jungen Jahren dem Hofkapellan Wipo begegnete. Dieser Wipo schrieb ihm nämlich bereits 1028 hundert Merkverse auf, die vom Königtum handelten. «Herrschen heißt das Gesetz achten,» heißt es da, aber auch: «Wer sich erbarmt, wird Erbarmen ernten.» Die Erziehung war also von Anfang an darauf ausgerichtet, Heinrich zu einem guten Christen zu machen. Das ist er auch tatsächlich geworden, doch abgesehen von seinen religiösen Pflichten hatte er natürlich noch ganz andere Aufgaben zu erfüllen. Dazu zählte insbesondere die Notwendigkeit, sich als Integrationskraft im Reich zu behaupten und divergierende Adelsinteressen auszugleichen. Zugleich mußte er sich bemühen, sein Verhältnis zu den Magnaten außerhalb seines engeren Einflußbereichs auf eine feste Basis zu stellen. Diese letzte Aufgabe stellte nach Ansicht der zeitgenössischen Quellen sogar so etwas wie den roten Faden seiner anfänglichen Regierungstätigkeit dar. Aber man darf die deshalb geführten Kriege nicht mit den Auseinandersetzungen moderner Nationalstaaten vergleichen, denn es gab noch kein System streng abgegrenzter Reiche und Territorien, wohl jedoch ein eng geknüpftes Netz personaler Beziehungen und Abhängigkeiten, die sich immer häufiger in Lehnsbindungen manifestierten und weit über den engeren Herrschaftsverband hinausreichten.

Vor diesem Hintergrund wäre es verfehlt, vom Konzept einer auf Expansion abzielenden Außenpolitik zu sprechen, wenn Heinrich nach Böhmen und Ungarn zog, um die dortigen Großen in seine Vasallität einzugliedern. Denn es ging noch nicht um die Annexion und herrschaftliche Durchdringung neuer Gebiete, sondern um die Wahrung der persönlichen Autorität im Rahmen eines reichsübergreifenden Beziehungsgeflechts. Deshalb begnügte sich der Salier nach der Schlacht von Menfö an der Raab im Jahre 1044 damit, dem von ihm unterstützten Ungarnkönig Peter I. einen Lehnseid abzuverlangen, nachdem er dessen Konkurrenten Samuel (Aba) besiegt hatte. Wie bei den Großen von Polen und Böhmen erlangte er damit die symbolische Anerkennung seiner Oberhoheit.

Die Geschehnisse in Ungarn dokumentieren freilich noch etwas anderes. Denn am Abend jener denkwürdigen Schlacht von Menfö ereignete sich ein eindrucksvolles Schauspiel: Man sah König Heinrich barfuß daherschreiten und das *Kyrie eleison* singen. Im Büßergewand brachte er Gott seinen Dank für den Sieg über die Feinde dar, fiel vor dem «lebenspendenden Holz des Hl. Kreuzes» auf die Knie und verzieh allen, die sich gegen ihn versündigt hatten. Das Volk und die anwesenden Großen taten es ihm nach. Auch sie knieten demütig nieder und befolgten anschließend das Gebot des christlichen Vaterunsers, indem sie ihren Schuldigern die Sünden vergaben.

Dieses Ereignis wird uns gleich von zwei Quellen bezeugt, und es ist auch deshalb glaubwürdig, weil es sich in ähnlicher Form schon mehrmals abgespielt hatte. Bei der Beerdigung seiner Mutter hatte sich Heinrich ebenfalls seines königlichen Purpurs entledigt und ein Büßergewand angezogen. Auch damals hatte er sich barfuß und mit ausgestreckten Armen auf den Boden geworfen und das Erbarmen Gottes angerufen. Im Herbst 1043 war er bei einer Diözesansynode persönlich auf den Ambo gestiegen, um das Volk zum Frieden zu mahnen und allen, die ihm Unrecht getan hatten, einen Nachlaß ihrer zeitlichen Sündenstrafen zu verkünden, und am darauffolgenden Weihnachtsfest hatte er die Friedensbotschaft des Tagesevangeliums zum Anlaß genommen, um allen Majestätsverbrechern ihre Taten zu vergeben und im ganzen Reich das Gesetz gegenseitiger Verzeihung zu verkünden.

Man hat sich in der Forschung oft gefragt, ob dieses Verhalten des Saliers von der französischen Gottesfriedensbewegung beeinflußt wurde, die bestimmte Personen, Orte und Sachen unter ihren Schutz stellte und die Fehdeführung an ganz bestimmten Wochentagen und zu festen Zeiten des Kirchenjahres verbot. Das ist jedoch ziemlich unwahrscheinlich, denn die von Heinrich III. verkündeten Indulgenzen bezogen sich auf «alle Menschen guten Willens» (Lk 2,14), kannten keine zeitliche Befristung des Rechtsfriedens und waren nicht auf die Einschränkung künftiger Freveltaten ausgerichtet, sondern verkündeten nur rückwirkend eine Amnestie für jene Menschen, die sich dem König gegenüber versündigt hatten. Nicht als Resultat konkreter Strafmaßnahmen einer Schwureinung, sondern kraft königlicher Autorität und Barmherzigkeit sollten sich also Frieden und Eintracht im Reich verbreiten.

Diese Gedanken wurden entscheidend von Hoftheologen wie Wipo und Berno von Reichenau beeinflußt, und demgemäß entwickelte Heinrich rasch eine theokratische Auffassung vom Herrscheramt. Jede Leitungsfunktion werde durch die Zügel der Gerechtigkeit gebändigt, und deshalb erfordere es die Höhe des königlichen Amtes, sich insbesondere im Hinblick auf den Zustand der katholischen Kirche um Gerechtigkeit zu bemühen, heißt es bereits in einem der ersten Diplome des Saliers. Wie zur Bestätigung dieses feierlich verkündeten Grundsatzes griff Heinrich III. in einer seiner zahlreichen Schenkungen für religiöse Gemeinschaften auf einen Satz aus der Friedensmesse Papst Gregors des Großen († 604) zurück, der ihm vielleicht von Wipo vermittelt worden war. Die dabei verwendete Wortgleichung «Herrschen bedeutet Gottesdienst» wird in ihrer lapidaren Kürze nur dann verständlich, wenn man weiß, daß der Papst Gott selbst als «Urheber und Liebhaber des Friedens» bezeichnet hatte, dem zu dienen «herrschen» bedeute. Aber es verweist in dieselbe Richtung, wenn Heinrich zahllose Stiftungen machte, um dafür «die hundertfache Frucht im Himmel» zu erlangen.

Die elementare Voraussetzung solch eschatologisch motivierter Freigebigkeit – nämlich eine ausreichende Vermögensbasis – hatte der Salier bereits von seinem Vater übernommen, denn er gebot über Schwaben, Bayern und Kärnten anfangs sowohl als König wie als Herzog und verfügte mit Burgund sogar noch über ein weiteres Königreich. Diese gewaltige Machtballung überforderte freilich auf Dauer die administrativen Möglichkeiten des damaligen Reisekönigtums, doch Heinrich fand einen passablen Ausweg, indem er die drei süddeutschen Herzogtümer wieder zu Lehen ausgab und für Burgund eine eigene Kanzlei einrichtete. Der Absicherung seiner dortigen Herrschaft diente offenbar auch das zu Pfingsten 1042 erstmals faßbare Projekt einer Wiederverheiratung des Königs. Die vorgesehene Braut, Agnes von Poitou, gehörte nämlich mütterlicherseits zu jener Grafenfamilie, die Heinrichs Erbansprüche auf Burgund am ehesten in Frage stellen konnte, und sie war die Stieftochter eines der mächtigsten französischen Kronvasallen. Offenbar um diese Eheschließung vorzubereiten, hatte sich der Salier im April 1043 in Ivois am Chiers mit König Heinrich I. von Frankreich getroffen. Im November fand dann in Ingelheim die Hochzeit statt.

Wir sind über die Einzelheiten der damaligen Festlichkeiten nur unzureichend informiert, können aber mit Bestimmtheit sagen, daß sich Heinrich wenig um den Vorwurf kümmerte, seine neue Frau sei zu eng mit ihm verwandt. Ihre Salbung und Krönung wurde jedenfalls unter den besonderen Schutz Mariens gestellt. Kronzeuge dafür ist ein prächtiges Evangeliar, das der König später für den Speyerer Dom stiftete. Darin sind Heinrich und Agnes als demütige Bittsteller der in diesem Gotteshaus thronenden Himmelskönigin zu sehen (*Abb. 4*). Die Linke Mariens ruht dabei segnend auf der Krone der von Heinrich erwählten Gemahlin; die Rechte aber nimmt aus der Hand des Herrschers ein goldenes Buch in Empfang, das durch eine Inschrift ausdrücklich als «Geschenk des Königs» bezeichnet wird.

Die Anfänge der Kirchenreform

Vor diesem Hintergrund ist es nicht verwunderlich, daß Heinrich III. mit Nachdruck nach der Kaiserkrone strebte. Doch das Papsttum befand sich damals in einer verworrenen Lage. Benedikt IX. war 1044 aus Rom vertrieben worden und konnte sich nur mit Mühe gegen einen Gegenpapst, Silvester III., durchsetzen. Nach seiner Rückkehr aber entschloß er sich zu einem unerwarteten Schritt: Er trat sein Amt gegen eine hohe Geldzahlung an seinen eigenen Taufpaten ab, und dieser bestieg als Gregor VI. am 1. Mai 1045 den Stuhl des hl. Petrus. Soweit zu sehen ist, hat zunächst niemand Anstoß an dem merkwürdigen Rechtsgeschäft genommen, denn der neue Papst galt als frommer und integrer Mann, und auch Heinrich zögerte nicht, sich mit ihm im Herbst 1046 in Piacenza zu treffen und sich neben ihm ins Gebetsgedächtnis des Klosters San Savino eintragen zu lassen. Kurz danach muß dem Salier jedoch zu Ohren gekommen sein, daß sich Gregor ausgerechnet gegen jenen Grundsatz versündigt habe, den eine Synode von Pavia gerade bekräftigt hatte: daß es nämlich unter Androhung von Absetzung und Bann verboten sei, kirchliche Ämter, Güter oder Sakramente für Geld zu erwerben.

Wir wissen nicht, wer den Salier über das Vergehen Gregors VI. ins Bild setzte. Aber es handelte sich zweifelsfrei um Simonie, und das reichte aus, um auch einem Papst den Prozeß zu machen. Auf einer zu diesem Zweck nach Sutri einberufenen Synode übte Heinrich einen derart starken Druck auf Gregor aus, daß dieser schließlich traurig und unwillig seine Schuld eingestand und sich selbst der päpstlichen Gewänder entledigte. Nur vier Tage später wurde in Rom ein neuer Papst gewählt, und wiederum war es Heinrich, der das Geschehen bestimmte. Gewählt wurde nämlich Bischof Suidger von Bamberg, und man hat hieraus gefolgert, daß es die Absicht des Herrschers gewesen sei, das Papsttum aus der Verstrickung in lokalrömische Streitigkeiten zu befreien und es gewissermaßen zu einer Institution der salischen Reichskirche zu machen.

Ob man sich die Dinge so konkret zurechtlegen darf, muß dahingestellt bleiben. Aber es ist nicht zu bezweifeln, daß die

Papsterhebung vom 24. Dezember 1046 die entscheidende Voraussetzung dafür bildete, daß Heinrich und Agnes schon am folgenden Weihnachtstag die Kaiserkrone empfangen konnten. Suidger hatte zu diesem Zeitpunkt gerade erst als Clemens II. den päpstlichen Thron bestiegen, und auch seine zehn Tage später einberufene erste Synode brachte eine enge Verbundenheit mit dem Salier zum Ausdruck. Zur Rechten des Papstes wurde dem Kaiser nämlich eigens ein Sessel freigehalten, und die Beschlüsse des Konzils bekräftigten das Simonieverbot.

All diese Ereignisse sind in der Forschung häufig als Beginn einer neuen Epoche bewertet worden. Denn mit dem Paukenschlag von Sutri begann nach Ansicht vieler Historiker jene Entwicklung, die der lateinischen Kirche schon nach wenigen Jahrzehnten ein neues Gesicht gab. An die Stelle einer auf die Bischöfe und ihre Synoden konzentrierten Kirchenverfassung trat nun eine neue Ordnung, die im Papsttum selbst die lebendige Mitte der Christenheit erkannte – die römischen Bischöfe beriefen sich dabei auf eine genuin petrinische Ekklesiologie –, und zugleich begann eine umfassende Erneuerung, die die Rückkehr zur «Urkirche» auf ihre Fahnen schrieb und sich in besonderer Weise am Kirchenrecht orientierte. Die Entfaltung des päpstlichen Primats, der Kampf gegen Simonie und Priesterehe (den sogenannten Nikolaitismus), das Ringen um die rechte Sakramentenlehre, die Umwälzungen im Bereich der Klöster und Stifte und die Zurückdrängung des Laieneinflusses in der Kirche: All das wurde angeblich erst dadurch möglich, daß Heinrich III. dem Papsttum zu universalkirchlicher Geltung verhalf. Nicht trotz, sondern wegen des königlichen Eingreifens soll das Papsttum also in die Lage versetzt worden sein, die Organisation und spirituelle Ausrichtung der lateinischen Christenheit grundlegend zu reformieren.

Man wird diesen Wertungen nicht rundweg widersprechen mögen. Aber es stimmt doch nachdenklich, daß das Handeln Heinrichs III. sehr viel traditionsgemäßer ausfiel, als es die gerade skizzierten Entwicklungen vermuten lassen. Otto III. hatte sich fünfzig Jahre zuvor nämlich ganz ähnlich verhalten: Auch er war zunächst nach Pavia gezogen, auch er hatte (mit dem Salier

Brun) ein Mitglied seiner eigenen Hofkapelle zum Papst gemacht, um stadtrömische Wirren zu beenden, und auch er saß gemeinsam mit dem frisch inthronisierten Papst einer in Rom abgehaltenen Krönungssynode vor. Es wäre falsch, den Stellenwert solcher Parallelen zu überschätzen. Und doch unterschieden sich die Reformabsichten Heinrichs III. ganz erheblich von dem, was sich später ein Papst wie Gregor VII. (1073–1085) zu eigen machen sollte: Ein geistlich-weltlicher Synergismus unter kaiserlicher Führung und nicht etwa eine vom Papsttum geleitete Reformkirche – das dürfte das Ziel von Heinrichs Aktionen gewesen sein, und es lag genau auf derselben Linie, wenn Clemens II. auch nach seiner Papstwahl das Bistum Bamberg behielt.

Überhaupt hat Heinrich III. das «ottonische System» einer ganz auf die Person des Herrschers fixierten Kirchenpolitik zu einer beachtlichen Perfektion getrieben. Nicht nur die als Novum zu bezeichnende Angewohnheit, den Bischöfen im Rahmen der Investitur neben dem Hirtenstab auch noch den Ring zu verleihen, mehr noch der Umstand, daß der Kaiser seine Hofkapelle als Personalreservoir für künftige Bischöfe verstand und sich bei Bischofswahlen immer häufiger über die Wünsche des einheimischen Hochadels hinwegsetzte, sind als Indizien dafür zu werten, daß seiner Kirchenhoheit ein ausgesprochen autokratischer Grundzug innewohnte.

Wie nicht anders zu erwarten, löste ein solches Regiment erhebliche Spannungen aus: «Dem Papst schulden wir Gehorsam, Euch aber nur Fidelität. Euch müssen wir nur über weltliche Angelegenheiten, jenem aber auch über jene Dinge Rechenschaft ablegen, die sich offensichtlich auf den Dienst an Gott beziehen», soll Bischof Wazo von Lüttich dem Kaiser schon 1046 im Namen seiner Amtskollegen entgegengehalten haben, und in einem zwei Jahre später verfaßten Traktat ist über die Ereignisse von Sutri und Rom zu lesen: «Dieser gottverhaßte Kaiser zögerte nicht, eine Absetzung vorzunehmen, obwohl es ihm noch nicht einmal zustand, zu wählen. Er wählte, obwohl er kein Recht hatte, jemanden aus dem Amt zu jagen.» Begründet wurden solche harschen Worte mit dem Hinweis, daß es dem Kaiser verboten sei, seine Hand gegen einen Priester zu erheben, und daß das Recht, über kirchliche Weihegrade zu entscheiden, allein den Bischöfen und Klerikern, nicht aber den Laien zustehe.

Ähnlich explosiv fiel auch eine Reihe von weiteren Äußerungen aus, die sich gegen eine allzu starke Verschränkung von geistlichen und weltlichen Aufgaben richteten. Zwar blieben all diese Proteste situationsgebunden und waren kein gezielter Affront gegen die von Heinrich III. geübte Investiturpraxis. Aber die Frage, welche Konsequenzen mit der vom König vollzogenen Ring- und Stabübergabe verbunden seien, wurde schon recht lebhaft diskutiert, und zugleich trat die Absicht hervor, dem Herrscher klarzumachen, daß er sich nicht auf eine Stufe mit den Bischöfen stellen dürfe. Wiederum war Wazo von Lüttich einer der Wortführer. Wenn er den Herrscher 1047 mit der Auffassung konfrontierte, daß die Bischofsweihe die Menschen zum Ewigen Leben führe, während die Königssalbung nur zum Töten ermächtige, dann wurde damit schon die Axt an die Wurzel der theokratischen Königsidee gelegt. Nicht ein priestergleicher König, sondern die Gemeinschaft der Bischöfe sollte nach Wazos Meinung für die Seelsorge zuständig sein und die Sünder zur Buße veranlassen. Der König wurde damit ohne Zweifel zum vornehmen Laien degradiert, der lediglich das Schwert der irdischen Gerechtigkeit führen dürfe. Es überrascht daher wenig, wenn derselbe Bischof dem Kaiser nach dem Tode Clemens II. jedwede Autorität abstritt, über Fragen des päpstlichen Amtes zu entscheiden.

Angesichts solcher Fundamentalkritik, die sich vor allem auf die Normen des Kirchenrechts stützte, wird vielleicht etwas besser verständlich, daß uns auch vereinzelte Stimmen überliefert sind, die Heinrichs Königstugenden rundweg in Zweifel ziehen. Der König habe nacheinander drei Arme abgewiesen, dafür werde ihm himmlische Strafe zuteil werden, heißt es in einem Visionsbericht, und an anderer Stelle wird die Prunksucht des salischen Hofs gar mit den Worten getadelt, daß man sich mit Kleidung, Barttracht, Rüstung und Pferden so herausputze, wie es allenfalls den «Albernheiten der Franzosen» entspreche. Habsucht und Eitelkeit – das waren offenbar die Kernvorwürfe, die man gegen Heinrich III. erhob. Hermann von Reichenau vermerkt daher nicht zufällig zum Jahr 1053: «Zu dieser Zeit murrten sowohl die Reichsfürsten als auch die Geringeren immer häufiger gegen den Kaiser und klagten, daß er schon längst von seiner anfänglichen Haltung der Gerechtigkeit, des Friedens, der Milde und Gottesfurcht (...) zu Gewinnsucht und Sorglosigkeit abfalle.»

Heinrich ließ sich von solchen Worten wenig beeindrucken. Sein Sendungsbewußtsein war so stark, daß er sich noch am Ende seines Lebens als Wohltäter der Armen bezeichnete. Selbst massive Kritik konnte ihn also nicht zu einer Verhaltensänderung bewegen. Ganz konsequent galt seine Aufmerksamkeit daher bis zum Schluß der Hofkapelle, die er als eine Art Kaderschmiede künftiger Bischöfe und Päpste begriff. Allerdings scheint er sich dabei zumindest in einem Fall ein wenig verrechnet zu haben, denn Bischof Bruno von Toul, der schon seit der Zeit Konrads II. zur Hofkapelle gehörte, machte die Annahme des päpstlichen Amtes im Dezember 1048 ausdrücklich von einer kanonischen Wahl durch Klerus und Volk der römischen Ortsgemeinde abhängig und erwies sich auch unter seinem Papstnamen Leo IX. als eigenwillig. Grundsätzlich zur Zusammenarbeit mit dem Kaiser bereit, beharrte er nämlich mit einer gewissen Penetranz auf der Einhaltung kirchenrechtlicher Normen und entwickelte zugleich einen Regierungsstil, der das Papsttum schnell aus dem Schatten des Kaisertums heraustreten ließ.

Dennoch gestaltete sich die Kooperation mit Heinrich III. insgesamt recht unproblematisch. Der Herrscher respektierte offensichtlich, daß Leo IX. durch seine neuartige Synodalpolitik und seine Umstrukturierung der päpstlichen Verwaltung, des Kardinalkollegiums und des Legatenwesens das Papsttum rasch aus seiner Gebundenheit an den römisch-mittelitalienischen Raum herausführte. Jedenfalls unterstützte Heinrich den Papst bei dessen rastloser Reisetätigkeit, die seine universale Amtsgewalt in bislang ungekannter Form zur Geltung brachte, half ihm bei dessen Bemühungen, den Kampf gegen Simonie und Priesterehe auf persönlich geleiteten Reformsynoden voranzutreiben, führte auf einer dieser Versammlungen sogar den Mitvorsitz und unterzeichnete ein päpstliches Dekret. Lediglich die

Tatsache, daß Leo IX. schon im Jahre 1051 sein Bistum Toul aufgab und ihn dabei zum wiederholten Male auf das Prinzip der kanonischen Wahl aufmerksam machte, dürfte den Salier ein wenig gestört haben. Aufs Ganze gesehen, gewinnt man jedoch den Eindruck eines harmonischen Miteinanders – nur, daß der Kaiser diesmal nicht selbst die treibende Kraft war, sondern von Leo mitgerissen wurde.

Die letzten Jahre

Auch die Nachrichten, die uns unabhängig von Heinrichs Beziehung zum Papsttum überliefert sind, deuten auf einen schleichenden Verfall der kaiserlichen Autorität, ja vielleicht sogar auf einen Wendepunkt hin. Denn am Ende von Heinrichs Leben häuften sich die Schwierigkeiten. Sowohl die Normannen als auch die Ungarn befreiten sich nach und nach aus ihren Lehnsbindungen an den Kaiser, und selbst das Verhältnis zu Heinrich I. von Frankreich verschlechterte sich zusehends. Gewiß galten hier ganz eigene Maßstäbe, da man sich stets auf der Basis gegenseitiger Unabhängigkeit bewegt hatte. Aber es kam doch immer wieder zu lebhaften Spannungen. Zum Bruch ihrer 1048 geschlossenen Schwurfreundschaft entschieden sich die beiden Heinriche freilich erst im Juni 1056: Der Kaiser bot damals an, seine Vertragstreue durch einen Zweikampf zu erweisen. Heinrich I. jedoch entzog sich diesem Gottesurteil, und damit erreichte das wechselseitige Verhältnis seinen Tiefpunkt.

Auch die Lage im Inneren des salischen Reiches entwickelte sich nicht sonderlich positiv für Heinrich, denn am Ende seines Lebens mußte der Kaiser erkennen, daß ihm die Herzogsgewalten mehr und mehr aus der Hand glitten. Am längsten konnte er seine Autorität noch in Bayern und Schwaben geltend machen, wo er 1048/49 zwei neue Amtsherzöge einsetzte. Weit weniger herzlich war jedoch schon das Verhältnis zu den sächsischen Billungern, die der Salier nur durch einen energischen Ausbau des Reichsguts und die Förderung einheimischer Bischöfe in die Schranken weisen konnte. Aber vollends aus den Fugen geriet die Situation in Niederlothringen, denn dort kam es unter Führung Herzog Gottfrieds des Bärtigen zu immer neuen Aufständen, die auch durch die Einsetzung eines neuen Herzogs nicht unterdrückt werden konnten.

Berücksichtigt man diese Gesamtentwicklung, so wird klar erkennbar, was es eigentlich zu bedeuten hatte, wenn sich in den Jahren 1052 bis 1055 auch in Süddeutschland eine mächtige Oppositionsbewegung formierte. Heinrich III. befand sich damals am Rande des Abgrunds, denn ähnlich wie in Sachsen, wo der Kaiser erst 1047 einem Mordanschlag entkommen war, herrschte nun auch in Bayern und Kärnten eine aggressive Grundstimmung. Nach den Alteicher Annalen soll man sich 1055 sogar zu einem regelrechten Thronsturz verschworen haben. Aber die beiden Anführer der Rebellion verstarben, ohne daß Heinrich etwas dafür konnte. Das Neue Jahr brachte demzufolge eine gewisse Entspannung. Heinrich konnte sich sogar mit Gottfried dem Bärtigen einigen, den er noch ein Jahr zuvor in Tuszien bekriegt hatte. Dann jedoch folgten das mißglückte Treffen mit Heinrich I. von Frankreich und eine verlustreiche Schlacht in Sachsen, die einen sofortigen Gegenschlag erforderten.

Mitten in diesen Wirren aber mußte sich der Kaiser um seine Nachfolge kümmern. Denn seine Frau Agnes hatte ihm bis Oktober 1048 zwar schon drei Kinder geboren, aber es war kein Sohn darunter. Verzweifelt wandte sich das Kaiserpaar an den Himmel. Mit immer wieder neuen Schenkungen an den Mariendom zu Speyer flehte man die Gottesmutter um Fürsprache an; auch Erzbischof Hermann von Köln bat alle Gläubigen am 8. September 1047, dem Feste Mariä Geburt, um einen Thronfolger zu beten, doch es blieb lange vergebens. Erst im November 1050 kam der spätere König Heinrich IV. zur Welt.

Wir können uns die Dramatik dieser Situation heute nur noch schwer ausmalen. Aber die Kindersterblichkeit war im 11. Jahrhundert so groß, daß man leicht die Hälfte seiner Nachkommen verlor, viele Frauen starben im Kindbett. Auch die Männer waren ständig vom Tod bedroht. Heinrich selbst wurde im Jahre 1045 so krank, daß die Fürsten schon über seine Nachfolge berieten, und eine zweite Erkrankung bewog ihn 1047, die Reliquien des hl. Guido von Parma nach Speyer bringen zu lassen.

Geburt, Krankheit und Tod, diese drei Grundkonstanten des menschlichen Daseins, haben also auch das Leben des Kaisers auf das nachhaltigste geprägt, und man kann es daher gut verstehen, daß er immer wieder um den Beistand der Gottesmutter bat.

Einigermaßen überraschend wirkt allerdings die Tatsache, daß er den kleinen Heinrich nicht an Mariä Lichtmeß 1051 von Papst Leo IX. aus der Taufe heben ließ, sondern bis zum darauffolgenden Osterfest wartete. Aber dafür gab es einen triftigen Grund: Heinrich III. hatte Abt Hugo von Cluny gebeten, die Taufpatenschaft für seinen Sohn zu übernehmen, doch diesem war es nicht möglich, schon im Februar an den Kaiserhof zu reisen. So verschob man den ursprünglichen Tauftermin, um sich der Gebetshilfe des mächtigen burgundischen Klosters zu versichern. Auch andere Familienangelegenheiten behandelte der Herrscher mit großer Sorgfalt. So wurde etwa die Pfalz in Goslar – der Sterbeort seiner Mutter Gisela und die Geburtsstätte der meisten seiner Kinder – spätestens 1051 mit einem Stift ausgestattet, das unter den Schutz der Tagesheiligen von Heinrichs eigener Geburt gestellt wurde. Der Sinn dieser Aktion bestand wohl darin, daß St. Simon und Judas in Goslar für die nichtköniglichen Mitglieder der Herrscherfamilie als Grablege dienen sollte. Alle drei früh verstorbenen Kinder des Saliers – Gisela, Mathilde und Konrad – sind, soweit wir wissen, tatsächlich in Goslar beerdigt worden; auch die Eingeweide des Kaisers wurden hier – auf seinen ausdrücklichen Wunsch – beigesetzt. Es scheint daher nicht aus der Luft gegriffen, wenn Hermann von Reichenau zum Jahr 1052 bemerkt, der Herrscher habe die Grabstätte seiner Eltern immer geringer geachtet und sich sogar mit dem Bischof von Speyer überworfen.

Mehr noch als diese Akzentverschiebung im Totenkult ist freilich hervorzuheben, wie rasch sich Heinrich III. nach der Geburt Heinrichs IV. darum bemühte, die Thronfolge sicherzustellen. Schon kurz nach der Geburt seines ersten Sohnes verlangte der Herrscher von seinen Fürsten, dem künftigen König Treue zu schwören und Unterwerfung zu geloben. 1053 ließ er ihn dann «von allen» zum König wählen, und auch wenn er dabei den Vorbehalt der Fürsten zur Kenntnis nehmen mußte, daß sie den kleinen Heinrich nur dann gehorsam bleiben würden, wenn er sich als gerechter Herrscher erweise, hatte der Kaiser einen beachtlichen Erfolg zu verbuchen: Die dynastische Thronfolge schien spätestens mit der Salbung Heinrichs IV. im Jahre 1054 endgültig gesichert.

Gerade rechtzeitig, wie sich zeigen sollte, denn nur zwei Jahre darauf wurde Heinrich III. unvermittelt aus dem Leben gerissen. In Bodfeld am Harz, wo er sich zur Jagd aufgehalten hatte, erkrankte der Kaiser im September 1056 so schwer, daß an Hilfe nicht mehr zu denken war, und nach wenigen Tagen war alles vorbei. Der Sterbende legte im Beisein Papst Viktors II., der zum Feste Mariä Geburt an den Hof des Kaisers gereist war, noch ein öffentliches Sündenbekenntnis ab, bekräftigte seinen Wunsch, seinem gleichnamigen Sohn das Königtum zu sichern, empfing anschließend die Kommunion unter beiderlei Gestalten, traf noch einige Bestimmungen über seine Beerdigung und schied am 5. Oktober aus dem Leben. Seine Eingeweide wurden auf seinen Wunsch in Goslar beigesetzt; den übrigen Leichnam aber stopfte man aus, um ihm mehr Ansehnlichkeit zu verleihen. Dann überführte man ihn in einer feierlichen Prozession nach Speyer und begrub ihn dort am 28. Oktober 1056, dem Fest der Apostel und Simon und Judas Thaddäus, welches ja zugleich der Geburtstag des Kaisers war.

Die Forschung hat den frühen Tod Heinrichs III. im Alter von knapp 39 Jahren lange Zeit als «Katastrophe größten Ausmaßes» (Theodor Schieffer) bewertet. Dabei hat man immer wieder die Vermutung geäußert, die Geschichte hätte einen ganz anderen Verlauf genommen, wenn sie auch nach 1056 von einem Mann seines Formates beeinflußt worden wäre. Dies läßt sich indes in keiner Weise erhärten. Man wird vielmehr darauf zu achten haben, daß sich die Schwierigkeiten bereits am Ende der Regierungszeit des Kaisers häuften und daß sie strukturelle Ursachen hatten. Weder den Normen des Kirchenrechts noch den Ansprüchen des Hochadels hat der Herrscher hinreichend Beachtung geschenkt. Sein autokratisches Gebaren hätte also sogar zu weitaus schlimmeren Konflikten führen können, als sie sich tatsächlich ereigneten.

IV. Eine endlose Krise:
Die Epoche Heinrichs IV.
(1056–1106)

Über kaum einen Herrscher hat man härter geurteilt als über Heinrich IV. War er ein überforderter König? Ein tragischer Held? Oder einfach nur ein Opfer der Verhältnisse? Seine Vita versucht eine Antwort. Es heißt dort am Schluß: «Glückselig bist Du, Kaiser Heinrich, (...). Das Reich der Unruhe hast Du nun mit dem Reich der Ruhe, das endliche mit dem unendlichen, das irdische mit dem himmlischen vertauscht. Jetzt erst herrschest Du in Wirklichkeit, jetzt erst trägst Du eine Krone, die Dir kein Erbe entreißt und kein Widersacher neidet!» Diese Sätze sprechen in der Tat etwas Wesentliches an, verraten sie uns doch, worin das persönliche Schicksal des Kaisers bestand: Er hatte einfach unglaublich viele Feinde. Mächtige Herzöge und Erzbischöfe gehörten ebenso dazu wie Päpste und Könige; selbst die eigenen Söhne empörten sich gegen ihn.

Dieser Befund macht es erforderlich, nach den Wurzeln der vielen Konflikte zu forschen, und man beginnt dabei vielleicht am besten mit einem Schlaglicht auf die Persönlichkeit. Abermals ist es die Vita, die uns dazu einen wichtigen Hinweis gibt. Sie sagt uns nämlich über Heinrichs Verhalten: «Aufmerksam hörte er sich die Worte anderer an; er selbst sprach wenig. Zudem platzte er nicht voreilig mit seiner Meinung heraus, sondern wartete erst auf das Urteil der anderen. Richtete er seine stechenden Blick auf das Gesicht eines Menschen, so durchschaute er seine Gefühlsregungen und sah gleichsam wie mit Luchsaugen, ob einer im Herzen Haß oder Liebe zu ihm trug.»

Auch dieser Bericht ist bemerkenswert. Zwar kann man sich fragen, ob der König tatsächlich soviel kommunikative Intelligenz besaß, wie ihm hier bescheinigt wird – immerhin täuschte er sich in seinen eigenen Söhnen. Aber zwei Dinge scheinen in jedem Fall richtig zu sein: Heinrich war ein wortkarger und mißtrauischer Mensch, und er fühlte sich zum Herrschen geboren. Beides hatte mit seiner Kindheit zu tun. Denn Heinrich IV. war bei seiner Thronbesteigung noch nicht einmal sechs Jahre alt, und genau darin steckte ein großes Problem: Man sah ihn auf der einen Seite als selbstmündig an und sprach ihm das Recht zu, wie ein Erwachsener zu regieren. Auf der anderen Seite wußte man natürlich ganz genau, daß diese Herrschaft nur formal bestand und es schnell zu einem Machtvakuum kommen konnte. Deshalb hatte Heinrich III. seinen Sohn noch kurz vor seinem Tod dem Schutz Papst Viktors II. anvertraut. Doch der Papst starb bereits im Jahre 1057, und die Reformer wählten eigenmächtig einen Nachfolger, ohne erst lange am Hof der Kaiserin Agnes anzufragen. Erst im Anschluß an die bereits vollzogene Erhebung machte sich eine Gesandtschaft über die Alpen auf.

Wir dürfen annehmen, daß diese Wahl Papst Stephans IX., des Bruders Gottfrieds des Bärtigen, vor allem deshalb so schnell erfolgte, weil man der Erhebung eines Kandidaten aus dem römischen Adel zuvorkommen wollte. Aber sie läutete eine neue Epoche ein: Keiner der späteren Reformpäpste wurde noch auf Vorschlag des salischen Hofes gewählt, und auch nördlich der Alpen verlor das Königtum zusehends an Autorität. Die Schuld daran wird meist der Kaiserin Agnes zugeschrieben, die für ihren Sohn zunächst die Regentschaft führte. Doch sie war immerhin mutig genug, im Oktober 1061 mit Cadalus von Parma einen Gegenpapst namens Honorius II. aufzustellen. Man muß sich klarmachen, was das bedeutet: Die Reformer hatten soeben Papst Alexander II. gewählt, da entschloß sich ein Konzil zu Basel, ihn einfach nicht anzuerkennen. Agnes muß ihre Position also als relativ stark eingeschätzt haben. Nur hatte sie die Rechnung gewissermaßen ohne den Wirt gemacht, denn Erzbischof Anno von Köln und einige andere Fürsten ergriffen im April 1062 ganz unvermutet die Gelegenheit, um selbst das Heft in die Hand zu nehmen.

Ort des Geschehens war die Rheininsel Kaiserswerth. Dort lockte man den König mit List auf ein Schiff, dann legte dieses plötzlich ab, um nach Köln zu fahren. Vergeblich versuchte sich

Heinrich durch einen Sprung in den Strom zu retten; man zog ihn heraus und nahm ihn gefangen. Die Motive für diesen «Staatsstreich» werden sich wohl nie ganz aufklären lassen. Erfolgte er aus Fürstenverantwortung für das Reich? Oder war er eher das Resultat persönlichen Machtstrebens und eines grundlegenden Dissenses in der Frage des Papstschismas? Wir wissen es nicht, können indes mit Bestimmtheit sagen, daß Heinrich IV. den Kölner Erzbischof noch Jahre später mit Haß verfolgte und dieser für Alexander II. votierte. So verlor die Kirchenspaltung rasch an Bedeutung: Anno schlug schon im Oktober 1062 in Augsburg vor, Alexander II. vorläufig als Papst anzuerkennen, und anderthalb Jahre später war es soweit: Das Konzil zu Mantua erklärte Alexander II. für rechtmäßig gewählt und belegte Cadalus mit dem Kirchenbann.

Vor diesem Hintergrund ist der konkrete Anlaß für die Entführung von Kaiserswerth vielleicht tatsächlich im Papstschisma zu suchen. Aber insgesamt gab es bei den Verschwörern ein ganzes Bündel von Handlungsmotiven: Neid, Ehrgeiz und Rangdenken gehörten ebenso dazu wie Sorge um das Reich, Fürstenverantwortung und kirchenpolitische Grundeinstellungen. Solche Erklärungen können freilich nur oberflächlich befriedigen. Sie zeigen uns lediglich, daß die Beweggründe der Großen recht unterschiedlich waren, geben jedoch kaum zu erkennen, worin eigentlich die strukturellen Ursachen der Krise lagen. Um diese zu erfassen, ist es gewiß erforderlich, das damalige Regierungssystem selbst auf den Prüfstand zu stellen. Man

Abb. 5: Siegel Heinrichs IV. Originalaufnahme von MGH DH IV. Nr. 81 vom 24. Februar 1062 (Wiesbaden, Hessisches Hauptstaatsarchiv).

macht dabei eine simple Entdeckung: Da das Königtum bis in die Zeit Heinrichs III. hinein als der wichtigste Integrationsfaktor galt und der Rechtsfriede davon abhing, wie weit ein Herrscher in der Lage war, seine Autorität zu behaupten, mußte die Existenz eines minderjährigen Königs über kurz oder lang zu einem Machtvakuum führen, das systemzersetzenden Kräften erheblichen Spielraum ließ.

Der junge König

In der Tat wurde dieser Spielraum auch genutzt. Denn Anno von Köln und seine Verbündeten mochten noch so oft das Wohl des Reiches im Sinn haben, sie waren stets auch auf den eigenen Vorteil bedacht, und das rief den Neid der anderen Fürsten auf den Plan. Einer von ihnen war Erzbischof Adalbert von Hamburg-Bremen, und er war so geschickt, daß er Anno im Jahre 1065, bei der Schwertleite des Königs, zur Seite drängte. So nutzte es dem Kölner wenig, den Bruch mit dem Reformpapsttum gekittet zu haben. Entscheidend war einzig und allein, wie sehr er den Stolz Heinrichs IV. verletzt hatte, denn Adalbert «gab als Grund für sein Streben nach der Leitung der Reichsgeschäfte an, er könne es nicht länger mitansehen, daß man seinen Herrn und König wie einen Gefangenen umherzerre» (Adam von Bremen).

Damit wurde in Heinrich eine Saite zum Klingen gebracht, die ihn wohl schon bei seinem beherzten Sprung in den Rhein bewegt hatte: Er fühlte sich von Anfang an zum Herrschen berufen und nahm es deshalb nur widerstrebend hin, wegen seines Alters faktisch unter Kuratel zu stehen. Noch in seiner Vita wird die Entführung von Kaiserswerth auf das schärfste verdammt und der Eigennutz Annos und seiner Verbündeten kritisiert. Aber auch andere Quellen verbürgen uns mit unmißverständlicher Klarheit, daß sich Heinrich mit 15 Jahren, als er waffenfähig geworden war, am liebsten sofort an Anno von Köln gerächt hätte, wäre er nicht von seiner Mutter Agnes davon abgehalten worden.

Diese Berichte dokumentieren, daß Heinrich impulsiv, nachtragend und hochfahrend war. Zugleich war er jedoch auch politisch naiv und für Schmeicheleien empfänglich. So erreichte Adalbert, daß ihm der König 1065 die Reichsabteien Corvey und Lorsch übertrug, zehn weitere Reichskirchen an andere Fürsten verteilte und sich gegen jede Vernunft von Annos Plan einer frühzeitigen Kaiserkrönung distanzierte. Überhaupt wirkte sich der Einfluß des Hamburger Erzbischofs nicht sonderlich positiv aus, denn er muß nach dem Zeugnis seiner Umgebung ein ungewöhnlich selbstherrlicher und unausgeglichener Mensch gewesen sein. In Brunos Buch vom Sachsenkrieg wird er sogar als «von Stolz und Hochmut aufgeblasener Mann» bezeichnet, der Heinrich zur Hurerei ermuntert habe. Aber dies ist natürlich Polemik aus der Feder eines erklärten Gegners des Königs, und so weiß man nicht recht, was man davon halten soll, wenn derselbe Autor berichtet, der Herrscher habe gleichzeitig zwei oder drei Konkubinen gehabt, sei aber auch damit noch nicht zufrieden gewesen, sondern habe immer wieder junge und hübsche Frauen vergewaltigt und sie anschließend an seine Dienstmannen weitergereicht.

Solche Erzählungen beruhen vielleicht nur auf übler Nachrede. Aber in jedem Fall führte die Entmachtung Annos zu einer Blockbildung unter den Fürsten, denn Adalbert gelang es nicht, sozialen Konsens zu stiften. Statt dessen regte sich bald lebhafter Widerstand gegen ihn, der zumal in Corvey und Lorsch durch die Haltung des Klostervogts Otto von Northeim und des Erzbischofs Siegfried von Mainz verstärkt wurde. Obwohl Otto selbst von der großen Schenkungsaktion des Jahres 1065 begünstigt worden war und das Herzogtum Bayern vom König zu Lehen trug, hielt er also an seinem bereits in Kaiserswerth faßbaren Bündnis mit Anno fest, ja man kann sogar sagen, daß der Streit um Corvey und Lorsch den beiden eine willkommene Handhabe bot, um Adalbert im Januar 1066 auf einem Hoftag zu Trebur als Ratgeber Heinrichs zu stürzen und des Hofes zu verweisen. Die Hintergründe dieses erfolgreichen Komplotts, das riesige Wellen schlug, sind für uns kaum zu durchschauen. Aber seine Konsequenzen waren beachtlich: Der König sah sich gezwungen, erneut mit Anno von Köln und seinen Verbündeten zusammenzuarbeiten. Adalbert indes mußte ein Drittel seines

Kirchenguts (etwa 1000 Hufen Land) an den sächsischen Herzogssohn Magnus zu Lehen ausgeben; ein weiteres Drittel soll an den Markgrafen Udo von Stade gegangen sein.

Der Burgenbau in Sachsen

Wie nicht anders zu erwarten, löste diese Verschiebung der Kräfteverhältnisse neue Spannungen aus. So nutzte der Herrscher zum Beispiel 1070/71 die erstbeste Gelegenheit, um Otto von Northeim das Bayernherzogtum zu entziehen und es (auf Fürsprache des Schwabenherzogs Rudolf von Rheinfelden) an den im Alpen- und Voralpenraum begüterten Grafen Welf IV. zu übertragen. Vor allem aber begann er schon seit 1067 damit, in Sachsen Burgen zu bauen. Die erste und größte dieser Burgen war die Harzburg (südöstlich von Goslar). Sie wurde angeblich auf Anraten Adalberts errichtet und lag auf einem hohen Sporn, dem sogenannten großen Burgberg, den man nur über einen sehr schwierigen Weg erreichen konnte. Archäologischen Befunden zufolge mußte ein Ritter, der ihn betreten wollte, vom Pferd absteigen und seine schildabgewandte Seite nach oben richten, bevor er sich dem Torwerk nähern konnte. Im Inneren des Baus aber öffnete sich ein langgestrecktes Oval von 225 m Länge und 60 m Breite, das durch einen Felsgraben in eine Ost- und eine Westburg geteilt war. Beide Bereiche wurden durch Gräben, Mauern und Türme sorgfältig abgeschirmt, und das markanteste Bauwerk war dabei eine donjonartige Zweiflügelanlage im Eingangsbereich der Ostburg, die von einem Zwinger und einem mächtigen Rundturm geschützt wurde. Außerdem gab es in der Westburg eine hölzerne Pfalzkirche, die zur Aufbewahrung des königlichen Reliquienschatzes und als Grabstätte für Heinrichs Bruder und seinen früh verstorbenen Sohn diente.

Macht man sich diesen Gesamtaufbau der Burganlage klar, so wird sofort ersichtlich, daß sie nach den modernsten fortifikatorischen Gesichtspunkten geplant worden war. Es müssen also hervorragende Architekten am Werk gewesen sein, und in der Tat wird uns dies auch von den schriftlichen Quellen sowie den Bauresten anderer Salier-Burgen des Harzraums und Thüringens bestätigt. Der Sachsenstein (zwischen Walkenried und Bad Sachsa) etwa besaß eine ganz ähnliche Wehranlage, obschon die topographischen Bedingungen hier ganz anders gelagert waren, und ebenso verhielt es sich auch mit der Hasenburg (bei Haynrode). Schriftlich bezeugt sind uns insgesamt acht Neubauten; die Gesamtzahl dürfte sogar ungefähr doppelt so hoch gelegen haben. Man kann es daher gut verstehen, wenn der Geschichtsschreiber Lampert von Hersfeld über Heinrichs Baumaßnahmen berichtet: «Auf allen Bergen und Hügeln Sachsens und Thüringens errichtete er stark befestigte Burgen und legte Besatzungen hinein. Da diese nicht ausreichend Lebensmittel hatten, erlaubte er ihnen, sich aus den benachbarten Dörfern und Feldern wie im Feindesland Beute zu holen. Auch durften sie die Einwohner der Umgebung zwingen, die Burgen aufzubauen, genügend Baumaterial herbeizuschaffen und persönlich wie Sklaven im Schweiße ihres Angesichts zu fronen».

Diese Sätze belegen, daß die Burgen des Königs hoch über dem Land gelegene Gewaltbauten waren, welche die einheimische Bevölkerung in Angst und Schrecken versetzten. Andere Quellen bestätigen das. Die Burgen Heinrichs IV. unterschieden sich also von den älteren Befestigungen vor allem dadurch, daß sie keine Ringwallanlagen mehr waren, die man aus Lehm, Holz und Flechtwerk errichtete, sondern Höhenburgen aus Stein, die durch große Rundtürme und flankierende Torwerke gleich doppelt abgesichert wurden. Außerdem waren sie keine reinen Fluchtburgen mehr, sondern Orte mit ständiger Besatzung.

Sie zeugten von einem neuen Herrschaftsverständnis. Der König wollte in Sachsen und Thüringen nicht mehr mit und durch den einheimischen Adel regieren, sondern gegen ihn. Es handelte sich also bei seinen Baumaßnahmen um eine demonstrative Aufkündigung des sozialen Grundkonsenses, und Lampert von Hersfeld illustriert das mit den Worten: «Die Burgbesatzungen machten täglich Ausfälle, raubten alles, was sie in den Dörfern und auf den Feldern vorfanden, trieben unerträglich hohe Abgaben und Steuern von Wäldern und Feldern ein und beschlagnahmten häufig ganze Viehherden», um den Zehnten einzufordern.

Damit ist freilich noch nicht gesagt, wer eigentlich die Burgen besetzt hielt. Doch auch hierauf geben uns die Quellen eine klare Antwort. Sie überliefern uns nämlich, daß Heinrichs Burgen größtenteils mit schwäbischen Ministerialen bestückt wurden, also von unfreien Dienstmannen und kleinen Rittern aus einer ganz anderen Region verwaltet wurden, und damit wird deutlich, wie die Frontlinie verlief: Auf der einen Seite standen Bischöfe wie Benno von Osnabrück und Adalbert von Hamburg-Bremen, Herzöge wie Rudolf von Schwaben und Berthold von Kärnten sowie eine große Zahl von Grafen und Rittern niederen Standes, die zumeist aus Süddeutschland stammten, auf der anderen Seite die meisten sächsischen Großen, an ihrer Spitze Otto von Northeim und der Herzogssohn Magnus Billung.

Vor diesem Hintergrund mußten der 1070 unter dubiosen Umständen geführte Hochverratsprozeß gegen Otto von Northeim und die anschließende Erhebung Welfs IV. zum Bayernherzog wie ein Schlag ins Genick wirken. Tatsächlich kam es sofort zu einer heftigen Fehde, an der sich außer Otto auch der sächsische Herzogssohn Magnus sowie eine Vielzahl von anderen Großen beteiligten. Dabei gelang es dem schwäbischen Grafen Eberhard schon im Jahre 1071, einen Waffenstillstand zu vermitteln, der wie üblich durch eine Unterwerfung der rangniederen Konfliktpartei und einen Begnadigungsakt besiegelt wurde. Dennoch behielt Heinrich Ottos Kampfgefährten Magnus in Haft und wollte ihn nur freilassen, wenn er auf das sächsische Herzogsamt und allen Allodialbesitz verzichte.

Wir unterschätzen heute leicht, was dies in einer Zeit bedeutete, deren Wertmaßstäbe entscheidend von Leitbegriffen wie Ehre (*honor*), Genugtuung (*satisfactio*) und Gnade (*gratia*) bestimmt wurden. Aber es war in den Augen der damaligen Menschen ein unerhörtes Fehlverhalten, ja ein schreiendes Unrecht, wenn der König einem Adligen die Freilassung verweigerte, obwohl dieser ihm in einem öffentlichen Buß- und Unterwerfungsakt Genugtuung verschafft hatte. Der Herrscher erschien dadurch als «Tyrann» oder *rex iniustus*, dessen Grausamkeit gegen das christliche Gebot des Erbarmens verstieß. Das, was Heinrich III. mit seinen Friedensmaßnahmen so demonstrativ bekundet hatte, seine Bereitschaft, die Maxime des Vaterunsers zu erfüllen und allen Schuldigern ihre Sünden zu vergeben, das wurde nun von seinem Sohn ins Gegenteil verkehrt.

«An diesem und anderen Anzeichen», so heißt es bei Lampert, «erkannten die Sachsen das Unheil, das über ihrem Nakken schwebte, und sofort hielten sie (...) heimliche Zusammenkünfte ab und forderten sich gegenseitig auf, darüber zu beratschlagen, was nun zu tun sei. Ein Wille beherrschte sie alle und eine Meinung: Lieber sterben und eher das Äußerste wagen zu wollen, als die von ihren Vätern ererbte Freiheit schmachvoll zu verlieren.» Dieser Bericht wird durch Brunos Buch vom Sachsenkrieg eindrucksvoll bestätigt. Auch dort liest man nämlich: «... lieber wollten sie den Tod erleiden, als ein solches Leben in Schmach und Schande führen».

Überhaupt wird man dem königlichen Burgenbau und seinen Folgeerscheinungen wohl nur dann gerecht, wenn man vom Grundgedanken einer auch im Inneren kaum befriedeten Kriegergesellschaft ausgeht. Heinrich IV. war offenbar nicht der Meinung, er könne sich in Sachsen mit dem Adel arrangieren. Er setzte vielmehr auf offene Konfrontation und suchte sich dafür eine ganz neue Schicht von Verbündeten, denn die Ministerialen waren aufgrund ihrer Herkunft nicht zu eigener Herrschaftsbildung fähig, sondern konnten nur im Namen des Königs agieren. *In nuce* war damit der Gedanke geboren, daß der Herrscher vor allem als Konkurrent seiner Fürsten auftreten müsse.

Die päpstliche Reformpolitik

Neben diesen schweren Verwerfungen im Norden des Reiches gab es freilich für Heinrichs Königtum noch eine zweite Gefahrenquelle, und das war die Tatsache, daß die Kirchenreform in Italien inzwischen eine Eigendynamik gewonnen hatte, die sich nicht mehr von Deutschland aus steuern ließ. Die Ursachen dafür liegen klar auf der Hand: Zum einen versäumte es Heinrich bis zu seiner berühmten Canossa-Fahrt, in die Poebene oder gar nach Rom zu ziehen. Zum anderen machten sich in Rom und Reichsitalien unter dem Schutz der Markgräfin Beatrix von Canossa und ihres Gemahls, Herzog Gottfrieds des Bärtigen, allmählich Gedanken breit, die die Notwendigkeit einer umfassenden Klerusreform betonten. Dabei konzentrierte man sich nicht nur auf das Ideal eines Lebens in apostolischer Armut nach dem Vorbild der Urkirche. Nein, man nahm auch ganz gezielt Fragen der sakramentalen Heilsvermittlung, des Eucharistieverständnisses und der priesterlichen Lebensführung in Angriff. Vor allem die Verletzung des Zölibats und der vom Kirchenrecht verbotene Handel mit kirchlichen Ämtern, Gütern und Sakramenten, die sogenannte Simonie, gerieten dabei in Mißkredit. Vereinzelt wurden sogar Stimmen gegen die Praxis der Laieninvestitur und das Eigenkirchenwesen laut. Jedenfalls verabschiedete eine von mehr als hundert Bischöfen besuchte Lateransynode im Jahre 1059 nicht nur das berühmte Papstwahldekret, das den Grundgedanken einer «reinen, echten und unentgeltlichen Wahl» durch die Kardinalbischöfe verkündete und die Papsterhebung damit in eine spezifisch kirchliche Rechtssphäre einwies. Sie legte darüber hinaus auch fest, «daß kein Kleriker oder Priester eine Kirche auf irgendeine Weise durch Laien empfangen dürfe, weder umsonst noch für Geld».

Diese Vorschrift spielte freilich in der praktischen Politik keine große Rolle, denn Papst Alexander II. (1061–1073) vertrat zwar den Grundsatz der kanonischen Wahl (durch Klerus und Volk der betroffenen Diözese), hatte aber gegen eine Investitur durch den König nichts einzuwenden. Wesentlich war in seinen Augen nur, daß der Herrscher nicht gegen den Willen der Ortsgemeinde und frei von Simonie handelte. Allerdings machte er zugleich deutlich, daß die zuständige Instanz für alle größeren Rechtsangelegenheiten (*causae maiores*) in Rom und nicht etwa bei den Metropoliten und ihren Provinzialsynoden zu suchen sei. Deshalb zog er schon bald die Prozesse an wie ein Magnet die Eisenspäne. Oft genügten ganz geringfügige Anschuldigungen, um ein Verfahren zu eröffnen, und die Konsequenzen waren einschneidend: Alexander erteilte Weiheverbote für bereits investierte Elekten, suspendierte Bischöfe vom Amt, weil sie unkeusch gelebt hatten, oder forderte sie auf, nach Rom zu kommen, um sich von der Anklage der Simonie zu reinigen.

Abb. 6: Heinrich IV. und seine Gemahlin Bertha von Turin. Codex aureus des Klosters Prüm (Trier, Stadtbibliothek, Cod. 1709, Faltblatt zwischen fol. 72 und 75).

Diese Praxis löste erhebliche Spannungen aus, denn auch Heinrich IV. war von den Disziplinarmaßnahmen des Papstes betroffen. Er, der sich selbst als Herr der Bistümer und Reichsabteien betrachtete und deren Leiter ziemlich autokratisch einsetzte, sah sich seit 1069 immer häufiger mit den Normen des Kirchenrechts und dem Machtanspruch Alexanders II. konfrontiert: Erst machten Erzbischof Siegfried von Mainz und der Kardinallegat Petrus Damiani seinen Plan zunichte, seine angebliche Josephsehe mit Bertha von Turin zu annullieren; danach kam es zu einer Reihe von aufsehenerregenden Prozessen gegen prominente Vertreter der Reichskirche. Man wird die Bedeutung dieser Vorgänge nicht unterschätzen dürfen, denn es muß für Heinrich ausgesprochen demütigend gewesen sein, gegen seinen Willen in die Ehe zurückkehren zu müssen und gleich mehrmals zu erleben, daß ihm Bischöfe und Äbte auf päpstliche Weisung hin ihren Hirtenstab zurückgaben oder von ihren Ämtern suspendiert wurden. Was sich dahinter verbarg, war letztlich ein Angriff auf alles Gewohnte. Nicht mehr der König, sondern der Papst erschien als Herr des Geschehens.

Das Faß zum Überlaufen brachte indes erst der Fall des Mailänder Erzbischofs Wido. Alexander II. duldete es nämlich nicht, daß der amtsmüde Erzbischof seine Würde gegen eine hohe Geldzahlung – es sollen 1000 Pfund Silber gewesen sein – an den Subdiakon Gottfried abtrat, und er nahm es ebensowenig hin, daß dieser Handel 1071 von Heinrich IV. (nach einer zweiten Geldzahlung) auch noch mit der Investitur belohnt wurde. Statt dessen ließ er nach dem Tode Widos eine Neuwahl durchführen, und so kam es im Januar 1072 zu einer scharfen Konfrontation: Die sogenannte Pataria, eine Volksbewegung, die sich um eine durchgreifende Klerusreform bemühte, wählte unter Mißachtung des Königsrechtes, aber mit ausdrücklicher Erlaubnis des Papstes einen Mann namens Atto zum Erzbischof. Die Mailänder Stadtgemeinde zwang ihn jedoch mit körperlicher Gewalt zum Amtsverzicht und weigerte sich zugleich, den ohne ihr Zutun erhobenen Subdiakon Gottfried in ihren Mauern aufzunehmen. Dadurch entstand in Mailand faktisch eine mehrjährige Sedisvakanz. Jedenfalls gelang es nicht, sich auf einen dritten Kandidaten zu einigen.

In dieser schwierigen Situation hielt es Alexander II. für richtig, die Resignation Attos für ungültig zu erklären und ihm auf einer römischen Synode den Rücken zu stärken. Demonstrativ wurde er deshalb im Februar/März 1072 als rechtmäßig gewählt anerkannt, während man über Gottfried das Anathem verkündete. Dieser Schritt kam einer offenen Kampfansage gleich. Aber die Situation wurde noch schwieriger, als die letzte Synode des Papstes im März 1073 gleich mehrere Ratgeber Heinrichs IV. wegen Simonie mit dem Bann belegte. Dem König wurde damit implizit ein Ultimatum gesetzt: Sofern er sich nicht von seinen Ratgebern trennte, war er selbst von der Exkommunikation bedroht.

Der Weg in den Abgrund

Das Mailänder Schisma bereitete die Bühne, auf der sich später der große Konflikt zwischen Heinrich IV. und dem Papst vollziehen sollte. Denn am 22. April 1073 bestieg ein Mann den Stuhl des hl. Petrus, den man schon zur Zeit seines Amtsvorgängers als «Herrn über dem Papst» bezeichnet hatte: Es war der römische Archidiakon Hildebrand, der als Papst den Namen Gregor VII. trug. Hildebrand hatte die Kirchenreform fast von Anfang an begleitet. Aber er war ursprünglich Mönch oder Kanoniker gewesen, und das wirkte sich nachdrücklich auf seinen Regierungsstil als Leiter der Gesamtkirche aus. Wie ein benediktinischer Abt forderte er von allen Menschen Gehorsam, die sich nicht den Regeln des Kirchenrechts unterwarfen. Von tiefer Religiosität erfüllt, wollte er die Welt zu moralischer Besserung führen. Aber die schroffe Art, mit der er dabei den päpstlichen Primat betonte, hat ihm nur wenig Freunde gemacht.

Es ist viel gerätselt worden, ob sich der Investiturstreit auch ohne diesen Papst ereignet hätte. Aber eine solche Frage verkennt, daß es niemals nur einzelne sind, die den Verlauf der Geschichte bestimmen. Hätte es nicht schon vorher einen breiten Konsens darüber gegeben, daß die Kirche der Erneuerung bedürfe – niemals wäre Gregor unmittelbar nach dem Tod seines Vorgängers in tumultuarischer Form zum Papst erhoben worden. Die Tatsache, daß man dem deutschen König keine Wahlanzeige schickte, ist also nicht etwa als überraschender Affront zu werten. Die Beziehungen waren vielmehr schon viel zu angespannt, um einen solchen Schritt überhaupt noch zu erwägen. Gleichwohl war Gregor bemüht, die Situation zu entschärfen. Wie wir aus seinen Briefen erfahren, setzte er alles daran, König Heinrich dem «Gift schlechter Ratgeber» zu entziehen, und tatsächlich erzielte er dabei auch einen gewissen Erfolg. Der Salier schickte ihm nämlich im Spätsommer 1073 eine «demütige Bittschrift» (*supplex epistola*), in der er sich selbst der Simonie bezichtigte, den Einfluß schlechter Ratgeber beklagte und Besserung gelobte. Sogar die Mailänder Frage sollte nach dem Willen des Papstes entschieden werden.

Deshalb ist es nicht so sehr der Pontifikatswechsel zu Gregor VII., der das Jahr 1073 im historischen Rückblick zu einem tiefen Einschnitt macht. Es sind vielmehr vor allem zwei andere Ereignisse, die den Wandel markieren: Zunächst verließen die Herzöge von Schwaben, Kärnten und Bayern den Herrscher – laut Berthold von Reichenau, «weil sie erkannten, daß sich inzwischen andere Ratgeber eingeschlichen hatten und ihr eigener Rat beim König nichts mehr galt» –, und dann kam es im Sommer zum Sachsenkrieg.

Auf den ersten Blick scheint der Konflikt mit den Herzögen freilich nur den Rang einer Episode zu besitzen, ging er doch bereits nach drei Monaten mit einer formellen Versöhnung zu

Ende. Man könnte daher meinen, es sei dabei tatsächlich nur um Neid und Rangdenken gegangen. Aber es war nicht so. Sieht man sich nämlich die Quellen etwas genauer an, so macht man eine überraschende Beobachtung: Rudolf von Rheinfelden wollte eigentlich im September 1073 in die Lombardei ziehen, um dem Papst in der Mailänder Frage zu helfen. Erst die *supplex epistola* bewog ihn zum Einlenken. Damit ist etwas Wesentliches gesagt: Der Abfall der drei süddeutschen Herzöge hatte nicht zuletzt mit der Kirchenreform zu tun. Zur Debatte stand also nicht nur die niedrige Herkunft von Heinrichs Günstlingen, Ohrenbläsern oder wie sie sonst noch in den Quellen genannt werden. Es ging vielmehr auch ganz entscheidend um das, was sie mit ihrem Rat bewirkten.

Zumal die Frage der Simonie scheint dabei eine zentrale Rolle gespielt zu haben. Schon in den Jahren 1071/72 war es deshalb nämlich zu Streit gekommen. Der König hatte sich damals nicht nur damit abfinden müssen, daß ihm ein Bischof und ein Abt wegen erwiesener Simonie gezwungenermaßen ihre Hirtenstäbe zurückgaben. Herzog Rudolf hatte auch durchgesetzt, daß Reformmönche aus Fruttuaria in sein Hauskloster St. Blasien einzogen. Seine Empörung von 1073 war also hauptsächlich religiös motiviert, und diesem Befund entspricht es, daß er uns bereits in den frühen Briefen Gregors VII. als wichtiger Ansprechpartner entgegentritt, um die gestörte Eintracht von *regnum* und *sacerdotium*, Reich und Kirche, wiederherzustellen.

Dabei kam ihm vor allem zustatten, daß der Konflikt mit den Sachsen 1073 offen ausbrach. Eine Versammlung von Hoetensleben fühlte sich von Heinrich dermaßen brüskiert, daß sie eine Schwureinung bildete, und demzufolge begannen schon im Juli die Kampfhandlungen. Der König wurde dabei in der Harzburg belagert. Nur in nächtlicher Flucht konnte er sein Leben retten, und deshalb drohte sich eine ursprünglich nach Polen anberaumte Heerfahrt in einen Rachefeldzug gegen die Sachsen zu verwandeln. In dieser prekären Situation hielt sich Rudolf von Rheinfelden – zusammen mit vielen anderen Großen aus Schwaben, Bayern und dem Rheinland – wochenlang untätig in der Gegend von Mainz auf. Er wartete offensichtlich auf eine

Verhaltensanweisung aus Rom, die ihn aber nicht vor Ende September erreicht haben kann. Daher mußte Heinrich IV. die Fürsten am 22. August in einem hessischen Dorf namens Kappel (bei Hersfeld) erst fußfällig um Hilfe bitten, bevor er für den 6. Oktober ein Heerlager in Breitungen ansetzen konnte.

Damit hatten die Fürsten eine sechswöchige Verhandlungsfrist gewonnen, und bezeichnenderweise waren es Anno von Köln und Siegfried von Mainz, die nun als Vermittler auftraten. Die Gründe dafür sind wohl in ihren guten Beziehungen zu den sächsischen Großen und dem latenten Konflikt zwischen Otto von Northeim und den süddeutschen Herzögen zu suchen. Jedenfalls kam nach einigem Hin und Her am 20. Oktober ein Fürstentag zu Gerstungen zustande, auf dem man gemeinsam mit den Sachsen über die Anschuldigungen gegen den König beriet. Das Ergebnis dieser Gespräche wird uns in den Quellen recht unterschiedlich geschildert. Lampert von Hersfeld behauptet, man habe Rudolf von Rheinfelden schon zum Gegenkönig ausrufen wollen. In gesicherter Überlieferung ist uns aber nur bezeugt, daß man sich auf einen Waffenstillstand verständigte. Am Weihnachtstag sollte Heinrich dann die Sachsen begnadigen und ihnen Straffreiheit und Rechtssicherheit versprechen.

Diese Vereinbarungen zeigen, daß sich der Salier damals in einer unangenehmen Zwangslage befand, jedoch noch immer mit der prinzipiellen Loyalität seiner Fürsten rechnen konnte, denn die drei süddeutschen Herzöge fanden sich immerhin bereit, am 27. Oktober 1073 in Würzburg für die Ausstellung einer Königsurkunde zu intervenieren. Der Burgfrieden zwischen ihnen und dem König, wohl auf der Basis der *supplex epistola* geschlossen, erwies sich somit als durchaus belastungsfähig. Die Waffenruhe mit den Sachsen wurde umgehend dem Papst gemeldet – da trat unversehens eine neue Sachlage ein. Während Gregor noch glaubte, in der Frage des Mailänder Schismas demnächst einen vollständigen Sieg zu erringen, trat in Nürnberg ein Mann namens Regenger mit der Behauptung auf, der König habe ihn und andere dazu angestiftet, Rudolf von Schwaben und Berthold von Kärnten einige Tage zuvor auf dem Hoftag zu Würzburg heimlich zu ermorden.

Damit war das Tischtuch sofort zerschnitten. Denn so ungeheuerlich die Anschuldigung auch war, sie klang in den Ohren der angeblichen Opfer durchaus glaubwürdig, gehörte Regenger doch zu den engsten Vertrauten des Saliers, nannte alle Beteiligten des Komplotts und erklärte sich außerdem bereit, die Richtigkeit seiner Aussage durch das Gottesurteil eines Zweikampfs zu beweisen. Deshalb kündigten Rudolf und Berthold dem Herrscher sofort ihren Treueid auf, und erklärten sich nur dann bereit, ihm in Zukunft Rat und Hilfe zu leisten, wenn es ihm gelänge, die Vorwürfe zu entkräften. Diese Ankündigung brachte alles in Wanken. Nur der überraschende Tod Regengers verhinderte, daß es am 13. Januar 1074 auf der Rheininsel Marsaue (bei Ingelheim) zu einem gerichtlichen Zweikampf kam. Die Fürsten wiesen jedoch den von Heinrich angebotenen Reinigungseid zurück. So blieb dem Herrscher nur noch eine Alternative: Entweder mit schwachen Kräften die offene Schlacht zu suchen oder sich mit den Sachsen zu arrangieren. In der Tat gelang ihm das. Aber das Ergebnis, der sogenannte Frieden von Gerstungen, glich aus der Sicht Heinrichs einer vollständigen Niederlage: Er mußte Otto von Northeim am 2. Februar eidlich versprechen, all seine Burgen in Sachsen schleifen zu lassen.

Überblickt man dieses heillose Durcheinander von Verrat und Versöhnungsbereitschaft, roher Gewalt und immer neuen Vermittlungsversuchen, so wird man sagen dürfen, daß Heinrichs Königsherrschaft 1073/74 wirklich auf des Messers Schneide stand. Aber das Überraschende ist, daß sie von den Fürsten nicht einfach hinweggefegt wurde, sondern am Ende doch bestehen blieb. Die Gründe dafür dürften kaum in der Machtbasis des Königs zu suchen sein. Es müssen vielmehr Kräfte am Werk gewesen sein, die man als soziale Spielregeln von großer Verbindlichkeit qualifizieren kann. Selbst einen *rex iniustus* konnte man offensichtlich nicht ohne weiteres vom Thron stürzen. Statt dessen mußte man ihm immer wieder Gelegenheit geben, sich gegen Anschuldigungen zu wehren, konnte sich seiner Buß- und Versöhnungsbereitschaft kaum verweigern, sondern mußte ihm goldene Brücken bauen, um die gesellschaftliche Ordnung wiederherzustellen. Die Idee des Gottesgnadentums und die Verpflichtung, einem bußwilligen Herrscher zu verzeihen und ihn in seinen Friedensbemühungen zu unterstützen, scheinen also eine ungeheure Wirkmächtigkeit besessen zu haben.

Dies bestätigt sich, wenn man sich die ersten Monate des Jahres 1074 ansieht. Denn die nachfolgenden Ereignisse sind vor allem darauf zurückzuführen, daß sich ein Teil der Sachsen nicht an die Anweisung Gregors VII. hielt, bis zum Erscheinen eines päpstlichen Legaten alle Kampfhandlungen einzustellen. Statt dessen verwüstete man die Harzburg, zerstörte die dortige Pfalzkirche und schändete die Gräber der Königsverwandten. Diese Greueltat wurde von Heinrich IV. sofort angeprangert, und obwohl sich die sächsischen Großen rasch von den Attentätern distanzierten, traten die süddeutschen Herzöge nunmehr wieder auf die Seite des Königs. Der Grund dafür ist wohl darin zu suchen, daß sich der König bereitfand, den Friedensbruch vom Papst untersuchen und verfolgen zu lassen, denn er erkannte damit genau jene Instanz als Schiedsrichter an, die für Rudolf, Welf und Berthold allein maßgeblich war. Als in der Fastenzeit 1074 zwei Kardinallegaten nach Deutschland reisten, gab es daher keine Probleme mehr: Nach erfolgter Bußleistung wurde Heinrich IV. am Weißen Sonntag (27. April) wieder voll in die kirchliche Gemeinschaft aufgenommen.

Damit war ein Kompromiß geschlossen, der sich fast ein ganzes Jahr lang als tragfähig erwies. Gregor VII. hegte offenbar bis kurz vor der Fastensynode 1075 die Hoffnung, in König Heinrich einen Bundesgenossen zu finden, ja mehr noch: Er vertraute darauf, der Salier würde auch im Falle des Mailänder Schismas das Kirchenrecht respektieren und ihm bei einem Kreuzzug zur Seite stehen. Ein entsprechender Brief ist uns etwa noch vom 7. Dezember 1074 überliefert. Erst als daraufhin gar nichts geschah und einige Bischöfe sogar die Zitation nach Rom ignorierten, wurde der Ton unvermittelt schärfer: Die Fastensynode suspendierte die Bischöfe von Hamburg-Bremen, Straßburg und Speyer von ihren Ämtern und verbot ihnen sogar das Meßopfer. Darüber hinaus wurde Hermann von Bamberg dasselbe angedroht, falls er sich nicht bis Ostern rechtfertige. Schließlich forderte man fünf Ratgeber des Königs auf, sich bis zum 1. Juni in Rom wegen Simonie zu verantworten, ansonsten seien sie als exkommuniziert zu betrachten.

Das Investiturverbot von 1075

Diese durch das päpstliche Register eindeutig verbürgten Disziplinarmaßnahmen sollen aber nach Arnulf von Mailand nicht die einzigen Schritte gewesen sein, die Gregor gegen die Mißstände in der salischen Reichskirche unternahm. Der Geschichtschreiber überliefert uns nämlich: «Der Papst hielt in Rom eine Synode ab. Danach untersagte er dem König öffentlich, fortan irgendein Recht auf die zu vergebenden Bistümer zu haben, und schloß alle Laienpersonen von den Investituren der Kirchen aus. Ferner verkündete er über alle Ratgeber des Königs lauthals die Verhängung des Anathems, nachdem er dem König dasselbe angedroht hatte, falls er seinem Beschluß nicht in naher Zukunft gehorche.»

Diese Sätze werden in der Forschung schon seit langem kontrovers diskutiert, und der Grund dafür ist rasch genannt: Man hat sich darüber gewundert, daß ein Vorgang vom Gewicht des ersten päpstlichen Investiturverbots in den übrigen Quellen so gut wie gar keine Beachtung findet. Weder Lampert von Hersfeld noch Berthold von Reichenau berichten uns überhaupt von der Existenz einer solchen Vorschrift; und selbst Gregor VII. bleibt lange Zeit stumm. Erst in seinen Briefen aus den Jahren 1077/78 finden sich eindeutige Indizien dafür, daß die Fastensynode von 1075 ein allgemeines, für alle Laien und Kleriker verbindliches Investiturverbot erlassen haben muß.

Dieser merkwürdige Quellenbefund hat Anlaß zu ziemlich weitreichenden Spekulationen gegeben. Man hat sogar erwogen, das päpstliche Investiturdekret allein auf Heinrich IV. zu beziehen und als zeitlich genau befristete Rechtsfolge der Übertretung des üblichen Verkehrsverbots mit Gebannten zu deuten. Aber eine derart monokausale Herleitung der Maßnahme aus den Verwicklungen der deutschen Geschichte stellt natürlich keineswegs die einzig denkbare Möglichkeit dar. Gregor VII.

war schließlich nicht nur ein Papst der Deutschen, sondern hatte es mit Bistumsbesetzungen in ganz Europa zu tun. Der französische König Philipp I. zum Beispiel, von Gregor am 8. Dezember 1074 als «reißender Wolf, ungerechter Tyrann und Feind Gottes und der heiligen Religion der Kirche» bezeichnet, war mit dem Papst ebenfalls wiederholt in Konflikt geraten. Es könnte daher durchaus sein, daß sich die Vorschrift der Fastensynode nicht nur auf Heinrich IV. bezog, sondern sehr viel grundsätzlicheren Charakter trug.

In der Tat liefert uns Arnulfs Bericht dafür einen ersten Anhaltspunkt. Es heißt bekanntlich nicht nur: «Der Papst (...) untersagte dem König öffentlich, fortan irgendein Recht auf die zu vergebenden Bistümer zu besitzen», sondern auch: «und er entfernte alle Laienpersonen von den Investituren der Kirchen.» Dieser Spur gilt es nun weiter nachzugehen, denn es läßt sich nachweisen, daß Gregor bereits in seinen ersten Pontifikatsjahren eine weit über Deutschland hinausgreifende Reformkonzeption besaß, die bei Bistumsbesetzungen nicht nur die Idee des römischen Primats und die Rechte des Metropoliten, sondern auch das Simonieverbot und den Gedanken der kanonischen Wahl (durch Klerus und Volk der betroffenen Diözese) akzentuierte. In Konfliktfällen mit den Königen und anderen weltlichen Machthabern entschied der Papst immer wieder zugunsten der Ortsgemeinde, ja er ging sogar bisweilen über die Rechtsansprüche der Metropoliten hinweg und erteilte persönlich die Bischofsweihe. Allein aus dem ersten Pontifikatsjahr sind uns zehn solcher Konsekrationen bekannt, und Gregor machte noch drei Wochen vor seiner Synode deutlich, daß er sich bei der Vergabe von Bischofsstühlen niemals über die Kirchenrechtstradition hinwegsetzen dürfe. Ein allgemeines Investiturverbot fügt sich daher durchaus in einen plausiblen Ereigniszusammenhang.

Eine Deutung des Investiturverbots als zeitlich befristete Rechtsfolge von Heinrichs Umgang mit Gebannten scheitert dagegen schon am Wortlaut von Arnulfs Bericht, der den Beschluß ja auf alle Laienpersonen bezieht. Sie scheidet aber auch deshalb aus, weil sie im Gegensatz zu mehreren Briefen Gregors VII. steht, die das Dekret von 1075 eindeutig als überzeitliche Norm ausweisen. Solche Normen mußten nämlich nach damaliger Synodalpraxis stets durch die Verlesung älterer Rechtssätze begründet werden, und im vorliegenden Fall kennen wir sogar den wichtigsten Text, mit dem Gregor gearbeitet hat: Es ist der 22. Kanon des Ökumenischen Konzils von 869/70.

Vor diesem Hintergrund kann es kaum noch überraschen, wenn sich der Papst auch in einem Schreiben an Heinrich IV. dagegen verwahrte, er habe auf seiner Fastensynode einen Rechtsbruch begangen. Es heißt hierzu wörtlich: «Erschüttert von der Gefährdung und dem eindeutigen Verlust der Herde des Herrn, griffen wir auf die Dekrete und die Lehre der Väter zurück, ohne etwas Neues, ohne etwas aufgrund eigener Erfindung zu bestimmen. Vielmehr meinten wir, daß unter Aufgabe des Irrtums die erste und einzigartige Regel der kirchlichen Lehre zu wiederholen und der vielbetretene Pfad der Heiligen ein weiteres Mal zu verfolgen sei. Denn einen anderen Zugang zu unserem Heil und zum ewigen Leben wissen wir für die Schafe Christi und ihre Hirten nicht offenstehen als den, den er selbst wies, als er sagte: ‹Ich bin der Eingang. Wer durch mich eintritt, wird gerettet werden und Einlaß finden› (Jo 10, 9) (...) Dieses Dekrets (...) heilsnotwendige Wahrheit und Leuchte, muß nach unserem Urteil nicht nur von Dir und den Angehörigen Deines Reiches, sondern von allen Fürsten der Erde und allen Völkern, die Christus bekennen und verehren, ergeben aufgenommen und beachtet werden.»

Diese Worte lassen bereits ahnen, in welch heller Aufregung sich der Papst am 8. Dezember 1075, dem Abfassungsdatum des Briefes, befand. Aber wirklich klar wird dieser Eindruck erst, wenn man liest, daß gegen Heinrich auch der Verdacht erhoben wird, er habe wissentlich und unter Mißachtung des Urteils einer Papstsynode Umgang mit Exkommunizierten gepflegt und müsse sich deshalb durch Reue und Buße um Absolution bemühen. Was an dieser Stelle zutage tritt, ist offene Empörung darüber, daß die Entscheidungen der Fastensynode einfach ignoriert worden seien, und den konkreten Anlaß dafür erfahren wir aus zwei vom selben Tag datierenden Schreiben, in denen davon die Rede ist, der König habe im Gegensatz zu seinen früheren Beteuerungen einen Kleriker namens Tedald mit dem Erzbistum Mailand investiert. Dieser Vorgang wird nämlich als ungeheure Eigenmächtigkeit des Herrschers bewertet, und deshalb schleudert Gregor dem frisch Investierten noch am selben Tag entgegen: «Verflucht sei der Mensch, der seine Hoffnung auf einen Menschen setzt! Behalte außerdem im Sinn, daß die Macht der Könige und Kaiser vor den Rechten des Papstes und der Allmacht des höchsten Gottes wie Asche gelten und Spreu!».

Diese Sätze verdeutlichen, wie sehr sich Gregor von Heinrich IV. provoziert und mißachtet fühlte. Aber sie zeigen zugleich, daß sich ihr Konflikt nicht einfach an persönlichen Animositäten entzündete, sondern aus grundsätzlich verschiedenen Rechtsvorstellungen resultierte. Während der Papst meinte, Bischofserhebungen müßten immer *secundum Deum* – d. h. nach den Normen der Bibel und des Kirchenrechts – erfolgen, hielt der König daran fest, daß er einen gewohnheitsrechtlich fundierten Anspruch auf die Besetzung der Reichsbistümer besitze.

Die Lage in Deutschland

Etwas anders gelagert waren die Probleme in Deutschland. Denn hier war Heinrichs Lage lange Zeit von der Notwendigkeit bestimmt, sich auch weiterhin mit den aufständischen Sachsen auseinanderzusetzen. Dabei hatte der Salier zunächst die Hilfe der drei süddeutschen Herzöge gewonnen. Noch am 9. Juni 1075, also eine gute Woche, nachdem die Bannung der simonistischen Ratgeber Heinrichs Rechtskraft erlangt hatte, finden wir Rudolf, Welf und Berthold nämlich in der Schlacht von Homburg an der Seite des Königs, und diese Schlacht war ein grausiges Gemetzel. Die Sachsen standen einem gewaltigen Aufgebot des Königs gegenüber, von dem Lampert berichtet, «daß seit Menschengedenken niemals im deutschen Reich zu irgendeinem Kampf ein so großes, so tapferes, so kriegsmäßig ausgerüstetes Heer aufgebracht wurde». Dieses Heer aber griff direkt aus dem Marsch heraus an und überraschte damit die Sachsen, die kaum Zeit fanden, eine geordnete Formation zu bilden. Es entbrannte ein furchtbarer Kampf, dem viele Ritter zum Opfer fielen, in dem aber vor allem das sächsische Fußvolk wie Vieh abgeschlachtet wurde. Am Abend hatte der König einen vollständigen Sieg errungen. Niemand konnte sich ihm mehr widersetzen. Als sich die sächsischen Großen dann noch am 25. Oktober in demütigender Form der königlichen Gnade unterwarfen, schien die Autorität Heinrichs endgültig gefestigt: Ohne Schwierigkeiten konnte er den Fürsten zu Weihnachten das Versprechen abnehmen, seinen knapp zweijährigen Sohn Konrad zum Mitkönig zu wählen.

Aber der glänzende Eindruck täuschte. Denn bereits am 22. Oktober 1075 hatten sich die süddeutschen Herzöge in Gerstungen geweigert, ihm weiterhin Folge zu leisten. «Sie taten Buße», so heißt es bei Lampert, «weil auf der Heerfahrt zu Unrecht soviel Blut vergossen worden sei», und diese Buße bestand nach Brunos Buch vom Sachsenkrieg in einem vierzigtägigen Fasten und schloß das Gelöbnis ein, «fürderhin nicht mehr für den König gegen die Unschuld der Sachsen kämpfen zu wollen». Was hat diesen Sinneswandel veranlaßt? Wir wissen es nicht, da uns Lampert lediglich berichtet, die Herzöge hätten dem König seinen harten, unversöhnlichen Sinn übelgenommen, können aber mit guten Gründen vermuten, daß es etwas mit den simonistischen Ratgebern und der Mailänder Frage zu tun hatte. Schon am 11. Januar 1075 hatte Gregor VII. die drei Fürsten nämlich dazu aufgefordert, die Sakramente von Simonisten und unzüchtigen Klerikern zu boykottieren und diese Vorschrift auch bei Hof bekanntzumachen. Später hatten die Beschlüsse der Fastensynode von 1075 dann «zu sehr großem Haß auf den Herrn Papst und seine wenigen Anhänger geführt», wie Berthold von Reichenau sagt. Anno von Köln soll damals fast zum Opfer eines königlichen Mordanschlags geworden sein; über Rudolf von Schwaben und Berthold von Kärnten wird uns Ähnliches berichtet.

Diese Zeugnisse werden von einer Reihe von päpstlichen Briefen ergänzt, die auf eine regelrechte Simonie-Kampagne hindeuten. Vor allem der Fall des Bischofs Hermann von Bamberg schlug dabei recht hohe Wellen. Aber das Entscheidende ist: Gregor hoffte noch Anfang September, Heinrich werde zulassen, «daß in der [Bamberger] Kirche *secundum Deum* ein

Hirte eingesetzt werde, der mit Gottes Hilfe wieder zum Leben erweckt, was ein Dieb und Räuber tötete». Damit war gemeint, daß der Nachfolger Hermanns durch eine kanonische Wahl der Ortsgemeinde und unter Beteiligung des zuständigen Metropoliten erhoben werden müsse, denn aus einigen weiteren Schreiben geht hervor, daß «gemäß den Vorschriften der heiligen Väter» gehandelt und diese beiden Instanzen am Verfahren hauptsächlich beteiligt werden sollten. Freilich begann Gregor schon einige Tage später an der Aufrichtigkeit des Königs zu zweifeln, und er hatte dazu auch allen Grund: Erstens behielt Heinrich IV. nämlich den Umgang mit seinen bisherigen Ratgebern bei, und zweitens vollzog er irgendwann in diesem Herbst die Investitur Tedalds mit dem Erzbistum Mailand.

Diese Tatsache muß Rudolf von Schwaben, Berthold von Kärnten und Welf von Bayern unheimlich aufgebracht haben. Sie erkannten auf einmal, daß die Basis ihres Zusammenwirkens mit dem König, sein Reformversprechen vom Spätsommer 1073, nicht tragfähig war, und daß sie wohl schon damals besser in die Lombardei als nach Sachsen gezogen wären. Also kehrten sie dem Herrscher den Rücken und schickten den Bayernherzog Welf und Abt Wilhelm von Hirsau nach Rom, um mit dem Papst die Lage zu besprechen. Diese Reise war die Voraussetzung für Gregors Briefe vom 8. Dezember. Denn jene bezeugen uns klar, daß der Papst inzwischen über Heinrichs fortwährendem Umgang mit Gebannten und Tedalds Investitur im Bilde war. Sein Schreiben an den deutschen König ist daher als letzte Mahnung zu verstehen, das Ruder doch noch herumzureißen.

Der Bruch mit dem Papsttum

Die Jahre 1076/77 bezeichnen den Zenit einer Krise. Aber ihre historische Besonderheit liegt nicht etwa in militärischen Auseinandersetzungen, denn Heinrich hat damals keine größere Schlacht durchfochten. Sie liegt auch nicht in einer grundlegenden Veränderung der Kräfteverhältnisse, denn alle bisherigen Konfliktherde blieben bestehen. Sie ist vielmehr in einem eruptiven Prozeß des Zusammenpralls von Alt und Neu, von Kräften der Bewegung und der Beharrung, zu erkennen, wobei der König nicht in jeder Hinsicht die Vergangenheit repräsentierte, sondern gerade in seiner Sachsenpolitik und seiner Förderung der Ministerialität neue Wege beschritt, die ebenso konfliktträchtig wie zukunftsweisend waren.

Davon war freilich am Beginn der Entwicklung noch nichts zu spüren. Denn den 26 Reichsbischöfen, die sich am 24. Januar 1076 zusammen mit Heinrich IV. in Worms versammelten, ging es ausschließlich darum, das Rad der Zeit zurückzudrehen und Gregor vom Thron zu stoßen. «Für keinen von uns wirst Du fortan als Papst gelten», hieß es daher in ihrem Schreiben «an den Bruder Hildebrand», aber auch: «Soweit es an Dir lag, nahmst Du den Bischöfen jede Gewalt, die ihnen bekanntlich (...) von Gott übertragen ist, (...) und während nun niemand mehr Bischof oder Priester ist außer dem, der es in unwürdigster Schmeichelei von Deiner Sprödigkeit erbettelt, hast Du die ganze Kraft des apostolischen Amtes (...) in heillose Verwirrung gebracht.»

Diese Worte dokumentieren, daß es vor allem die Überspitzung des römischen Primats und der päpstlichen Disziplinargewalt war, wogegen sich die Reichsbischöfe auflehnten. In der Tat hatte Gregor dazu auch allen Anlaß gegeben, denn immer wieder hatte er Gehorsam gefordert und den Episkopat zum Widerspruch gereizt. «Dieser gefährliche Mensch will den Bischöfen nach Belieben befehlen wie seinen Gutsverwaltern, und wenn sie nicht alles genau ausführen, müssen sie nach Rom kommen oder werden ohne Gerichtsurteil einfach vom Amt suspendiert», zürnte Erzbischof Liemar von Hamburg-Bremen bereits im Winter 1074/75; doch kurz darauf hatte Gregor VII. seinen berühmten *Dictatus papae* formuliert, jene 27 *Quod*-Sätze, in denen er in apodiktischer Form alle echten oder vermeintlichen Rechtsansprüche des Papsttums und der Römischen Kirche zusammenfaßte.

Dieses einzigartige Schriftstück blieb zunächst geheim und dürfte Heinrich IV. niemals bekannt geworden sein. Doch dafür hatte er kurz vor der Wormser Versammlung Sätze wie diese zu lesen bekommen: «Bischof Gregor, Knecht der Knechte Gottes, sendet König Heinrich Gruß und apostolischen Segen – vorausgesetzt, er gehorcht dem Apostolischen Stuhl, wie es sich für einen christlichen König gehört. (...) Du hast Dich kanonischen und apostolischen Dekreten gegenüber gerade in den allerwichtigsten Erfordernissen der kirchlichen Religion als widerspenstig erwiesen (...). Deshalb muß sich Deine Erhabenheit vorsehen, damit sich in Deinen Worten und Botschaften an uns kein willentlicher Ungehorsam findet.»

Man kann verstehen, daß der Salier diese Worte im Hochgefühl seines Sieges über die Sachsen als unverschämte Anmaßung empfand und den Papst deshalb als «falschen Mönch» beschimpfte. Aber so wie er dachten offenbar auch seine Bischöfe, denn sie warfen Gregor vor, er sei entgegen den Vorschriften des Papstwahldekrets von 1059 ins Amt gelangt, habe damit zugleich den Eid gebrochen, sich niemals zum Papst wählen zu lassen, und allzu vertrauten Umgang mit Frauen gepflegt. Deshalb, so heißt es wörtlich, «verkünden wir öffentlich, daß wir den Gehorsam, den wir Dir niemals versprochen haben, auch weiterhin niemals halten werden, und weil niemand von uns, wie Du öffentlich erklärt hast, Dir bisher als Bischof galt, wirst Du auch für keinen von uns fortan als Papst gelten.»

Daß immerhin zwei Drittel des deutschen Episkopats dem Papst den Gehorsam aufkündigten, ist von der Forschung stets als Auflehnung der Reichskirche gegen das Reformpapsttum begriffen worden. Aber man hat mit Recht hinzugefügt, daß dieser Protest fast drei Jahre zu spät kam und im Grunde verkannte, wie sehr sich die Welt seit dem Schisma des Cadalus verändert hatte. Ohnehin wird man den in Worms Versammelten ein gehöriges Maß an Realitätsverlust bescheinigen müssen, denn auch Heinrich IV. überschätzte seine Autorität gewaltig, wenn er glaubte, dem Papst durch ein bloßes Machtwort sein Amt entziehen zu können. Gewiß war Gregor gerade einen Monat zuvor, bei der Christmette in Santa Maria Maggiore, zum Opfer einer Entführung geworden. Doch die Römer hatten keinen Moment gezögert, ihn wieder zu befreien. Der berühmte Befehl «Ich, Heinrich, König durch Gottes Gnade, sage Dir zusammen mit all meinen Bischöfen: Steige herab, steige herab!», war also reines

Wunschdenken, und daran änderte sich auch wenig, als er im Februar 1076 von einer Synode von Piacenza bekräftigt wurde.

Gleichwohl zeigte sich bald, daß der Streit mit Gregor VII. inzwischen den Charakter eines Grundsatzkonflikts trug. Denn Heinrich ließ nunmehr eine Propagandafassung seines Machtworts entwerfen, in der er dem Papst jedwede Bußgewalt über Könige bestritt und sich hierzu auf die Salbung berief. Der Sache nach war dies kein ungeschickter Schachzug, denn die Päpste beriefen sich ja auch ihrerseits auf den Grundsatz der Nichtjudizierbarkeit. Aber Gregor ließ sich in keiner Weise beeindrucken, sondern antwortete auf der Fastensynode von 1076 mit dem Schlußgebet: «Heiliger Petrus, Fürst der Apostel, neige, wir bitten Dich, gnädig Dein Ohr und erhöre mich deinen Knecht (...). Kraft Deiner Gewalt und Vollmacht spreche ich König Heinrich (...) die Herrschaft über das Reich der Deutschen und Italiens ab, löse alle Christen vom Eid, den sie ihm geleistet haben oder noch leisten werden, und untersage, daß ihm irgend jemand fortan als König diene (...). Und weil er es verachtet hat, wie ein Christ zu gehorchen, binde ich ihn als Dein Stellvertreter mit der Fessel des Kirchenbannes (...)».

Dieser Text ist in viele Schulbücher eingegangen. Aber fast genauso bekannt sind die Worte Bonizos von Sutri, der im Rückblick auf die Ereignisse schrieb: «Als die Nachricht von der Bannung des Königs an die Ohren des Volkes drang, erzitterte unser ganzer römischer Erdkreis». Damit war in der Tat etwas Richtiges erfaßt: Die Menschen waren vollkommen verunsichert. Seit Jahrhunderten hatte kein Papst mehr die Schlüsselgewalt des hl. Petrus so extensiv ausgelegt, daß sie nicht nur zur Suspension von der königlichen Amtsvollmacht, sondern auch zur Auflösung sämtlicher Rechtsbindungen an den Herrscher führte. Es verwundert daher nicht, daß kurz darauf ein Erosionsprozeß begann, den niemand mehr steuern konnte.

Den Anfang machten die süddeutschen Herzöge. Sie waren die ersten, die die Bischöfe zum Kampf gegen den König anstachelten, und bald darauf zerfiel der Episkopat in drei Gruppen. Die größte war dabei diejenige, die sich zwischen Papst und König nicht recht entscheiden konnte. Aber schon diese Unschlüssigkeit genügte, um Heinrichs Machtverlust nach außen hin sichtbar zu machen. Sein dreimaliger Versuch, Gregor auch seinerseits bannen zu lassen, war allein deshalb zum Scheitern verurteilt, weil es nicht mehr gelang, eine geschlossene Front aufzurichten. Das Königtum wurde dadurch in seinen Fundamenten bedroht. Selbst die Sachsen faßten neuen Mut und formierten sich zum Widerstand gegen den Salier.

Die Reichsversammlung von Trebur

Dieser Widerstand entlud sich freilich erst in dem Moment, als auch Otto von Northeim nicht mehr daran glaubte, den Herrscher zum Einlenken bewegen zu können, und selbst exkommunizierte Bischöfe wie Siegfried von Mainz von ihm abfielen. Wie in den vergangenen Jahren kann man also kaum davon sprechen, daß Heinrichs Spiel von vornherein verloren war. Man wird vielmehr seine Kompromißlosigkeit dafür verantwortlich machen müssen, daß die Zahl seiner Anhänger mehr und mehr zusammenschmolz. So sah sich der König im Oktober 1076 einer riesigen Schar von Rittern gegenüber, die sich mit ihren Fürsten und zwei päpstlichen Legaten in Trebur trafen. Diese Versammlung von Trebur indes verlief ganz anders, als man es angesichts der Machtverhältnisse erwarten mochte. Denn die Fürsten berieten zwar zunächst darüber, ob sie einen neuen König wählen sollten, traten aber ziemlich bald in Verhandlungen mit Heinrich IV. ein, der auf der anderen Rheinseite in Oppenheim lagerte. Am Schluß der Versammlung verlangte man dann lediglich, daß der Salier ein Zeichen seines Friedenswillens setze und sich am 6. Januar 1077 in Augsburg dem Urteil des Papstes unterwerfe; später wurde der Termin sogar auf den 2. Februar verschoben.

Diese Entscheidung mag für moderne Ohren ungewöhnlich moderat, ja regelrecht zögerlich klingen, doch zeigt sie im Grunde nur, daß man sich nicht allein an den militärischen Kräfteverhältnissen orientierte, sondern auch einem gebannten König – wie jedem anderen Christen – die Chance zubilligte, sich binnen Jahr und Tag von der Exkommunikation zu lösen.

Darüber hinaus war das Bündnis zwischen Otto von Northeim und denjenigen, die ihm sechs Jahre zuvor das Bayernherzogtum genommen hatten, natürlich prekär, und man konnte sich demzufolge nicht einfach auf die Wahl eines Gegenkönigs verständigen. Dies bestätigt sich, wenn man sich die Berichte der Geschichtsschreiber noch einmal genauer ansieht: Nirgendwo wird uns nämlich gesagt, man habe Rudolf von Rheinfelden schon in Trebur zum Gegenkönig erhoben; selbst bei Lampert ist zu lesen, daß die Personalentscheidung am Ende offenblieb und man dem Salier nur ein Ultimatum setzte.

Dieser Befund harmoniert auf das Beste mit dem, was wir aus den dokumentarischen Quellen erfahren. Denn es haben sich drei Briefe Gregors VII. erhalten, die darauf hindeuten, daß eine neue Königswahl nicht automatisch zu erwarten stand. Der erste davon stammt vom 25. Juli 1076. Hier verkündet der Papst, es sei seine Aufgabe, «die Menschen, nicht die Fehler zu lieben» und fordert alle Deutschen dazu auf, Heinrich «aus der Hand des Teufels zu reißen und zu wahrer Buße zu ermahnen». Vom 3. September datiert dann ein zweites Schreiben, in dem Gregor befiehlt, Heinrich IV. nach erfolgter Bußleistung wieder als König anzuerkennen. In zugespitzter Form wird diese Richtlinie schließlich am 31. Oktober noch einmal wiederholt. Dabei heißt es, man dürfe nur dann einen anderen König wählen, wenn Heinrich nicht zur Rechtfertigung vor dem Papst erscheine; außerdem wird die Absetzung Tedalds von Mailand bekräftigt.

Neben diesen auf unbedingte Beachtung des Kirchenrechts, aber auch auf Respekt vor der päpstlichen Buß- und Begnadigungsgewalt abzielenden Briefen Gregors VII. sind uns zwei Schreiben Heinrichs IV. erhalten, die das in Trebur erzielte Verhandlungsergebnis betreffen. Man darf deshalb sagen: Der König hat 1076 keine vollständige Niederlage erlitten. Zwar mußte er in der sogenannten Oppenheimer *Promissio* geloben, dem Papst fortan den schuldigen Gehorsam (*obedientia*) zu wahren, für die begangenen Kränkungen demütig Genugtuung (*satisfactio*) zu leisten und sich von allen weiteren Anschuldigungen entweder zu reinigen oder eine angemessene Buße (*penitentia*) auf sich zu nehmen. Aber dies geschah offensichtlich schon in dem

Bewußtsein, er müsse in jedem Fall begnadigt werden, denn er ermahnte den Papst im selben Schreiben auch seinerseits, abträglichen Gerüchten öffentlich entgegenzutreten.

Man sieht: Wenn Heinrich die Fürsten in einem zweiten Schreiben dazu aufforderte, dem Papst von nun an wieder Gehorsam zu leisten und sich – falls nötig – von ihm persönlich vom Bann lösen zu lassen, dann kam hierin gleich zweierlei zum Ausdruck: einerseits die Anerkennung des Umstands, daß die Wormser Gehorsamsverweigerung ein Irrtum war, andererseits aber auch die Zuversicht, diesen Irrtum korrigieren zu können. Die Nachricht der Berthold-Chronik, Heinrich habe sein Gehorsams- und Bußversprechen im Einvernehmen mit den Fürsten formuliert und an den Papst gesandt, erscheint vor diesem Hintergrund fast wie eine Garantie zur Wiedererlangung der Königsherrschaft. Jedenfalls haben wir keinen Grund zu der Annahme, die Fürstenopposition habe unbedingt ein Gegenkönigtum etablieren wollen.

Damit sind wir gezwungen, noch einmal über die Grundlagen damaliger Herrschaft nachzudenken. Denn die rein äußerlich vorgenommene Addition der Kräfte – hier ein König, der sich nur noch auf wenige Bischöfe und fast gar keine Laienfürsten stützen konnte, dort ein Bündnis zwischen dem Papst, den süddeutschen Fürsten, der Mehrheit der Bischöfe und den unterdrückten Sachsen – hätte es eigentlich nahegelegt, Heinrichs Position als völlig aussichtslos einzustufen. Daß sie es aber nicht war, sondern im Gegenteil sogar die Chance eröffnete, dem geplanten Schiedsgericht in Augsburg doch noch zu entgehen, zeigt die Stärke christlicher Verhaltensnormen. Genau wie sich fürstliche Rebellen darauf verlassen konnten, bei Appell an die Gnade des Königs – und sei es nur durch die Hilfe Dritter – am Ende doch noch Verzeihung und Huld zurückzuerlangen, konnte auch Heinrich IV. darauf rechnen, daß man ihn nach entsprechenden Bußleistungen von der Exkommunikation lösen und wieder in sein Amt einsetzen würde. Der Widerstand gegen ihn zielte also nicht auf Thronsturz und Tyrannenmord – er war darauf ausgerichtet, einen *rex iniustus* durch Reue und Buße zum gerechten Herrscher zu bekehren.

Eben dieses Moment jedoch ist von der Forschung weitgehend mißachtet, ja fast vollständig übersehen worden. Man hat sich statt dessen bemüht, immer wieder abzuwägen, ob der Bußgang von Canossa eher ein Sieg oder eine Niederlage Heinrichs gewesen sei. Damit hat man sich den Blick dafür verstellt, daß er nur die unerwünschte Antizipation eines Geschehens war, welches sich am 2. Februar 1077 sowieso ereignet hätte. Da weder der Papst noch die Mehrheit der Fürsten im Jahre 1076 beabsichtigten, einen neuen König zu erheben, dürfte es hauptsächlich um die Bedingungen einer Rekonziliation des Saliers gegangen sein. Das spätere Gegenkönigtum Rudolfs von Rheinfelden war demzufolge nicht von langer Hand geplant – es war vielmehr die überraschende Konsequenz aus der Tatsache, daß sich Heinrich nicht an die verabredeten Spielregeln hielt, sondern die Gewichte eigenmächtig zu seinen Gunsten verschob.

Der Gang nach Canossa

Die Form, in der dies geschah, hätte freilich nicht demütigender sein können: Da die drei süddeutschen Herzöge die auch im Winter leicht begehbaren Alpenpässe sperrten, mußte der König den schwierigen Weg über Burgund und die Westalpen wählen, um an das Ohr des Papstes zu gelangen. Kurz nach Weihnachten zog Heinrich daher unter widrigsten Bedingungen über den 2000 m hohen Mont Cenis in die Lombardei. «Der schroffe Abgang des Berges», so liest man bei Lampert, «war durch die eisige Kälte so glatt geworden, daß ein Abstieg völlig unmöglich schien. Deshalb versuchten die Männer, alle Gefahren durch ihre Körperkraft zu überwinden: Sie krochen bald auf Händen und Füßen vorwärts, bald stützten sie sich auf die Schultern ihrer Führer; manchmal auch, wenn ihr Fuß auf dem glatten Boden ausglitt, fielen sie hin und rutschten ein ganzes Stück hinunter, schließlich aber gelangten sie doch unter großer Lebensgefahr in die Ebene an. Die Königin und die anderen Frauen ihres Gefolges setzte man auf Rinderhäute, und die Führer, die dem Zug vorausgingen, zogen sie darauf hinab (...).»

Diese Schilderung Lamperts beruht bloß auf Hörensagen.

Aber sie verdeutlicht, wie dramatisch dem König inzwischen seine Lage erschien und wie fest er entschlossen war, dem Kirchenbann so bald wie möglich zu entkommen. In der Tat fand er dabei auch viel Unterstützung. Gregor VII. war über den großen Zulauf sogar so erschreckt, daß er sich rasch auf die Bergfeste Canossa (südwestlich von Reggio Emilia) flüchtete, die der Markgräfin Mathilde von Tuszien gehörte. Mathilde war es auch, die auf Bitten Heinrichs den Frieden vermittelte. Unterstützt wurde sie dabei unter anderem von Abt Hugo von Cluny, dem Taufpaten des Saliers; doch der Papst versuchte zunächst, die Entscheidung hinauszuzögern. Erst nach längeren Verhandlungen wurde Heinrich zum Bußgang zugelassen.

Über die Hintergründe dieses Schritts informiert uns ein Schreiben, das Gregor kurz darauf an alle deutschen Fürsten richtete. Ausdrücklich hebt der Papst dort hervor, er sei nur deshalb nach Norden gereist, um sich verabredungsgemäß mit einem der Herzöge an der Veroneser Klause zu treffen. Außerdem wird hinzugefügt, der König habe von sich aus die Verhandlungsinitiative ergriffen und Genugtuung sowie vollkommenen Gehorsam versprochen, um die Gnade der Absolution und den päpstlichen Segen zu erlangen. Damit beabsichtigte Gregor, dem Eindruck entgegenzuwirken, er habe in Canossa gegen seine Abmachungen mit den Fürsten verstoßen, und demselben Zweck diente sein Hinweis, er habe den Bußakt zunächst aufschieben wollen und ihn erst vollzogen, nachdem ihm bestimmte Sicherheiten für die Zukunft gegeben worden seien. Diese Sicherheiten werden in einem auf den 28. Januar 1077 datierten Eid genau spezifiziert. Es scheint also auf der Hand zu liegen, daß Gregor die Absolution keineswegs leichtfertig gewährte, sondern erst nach inständigen Bitten aller Anwesenden, die ihn wegen seines Zögerns angeblich schon der «Grausamkeit tyrannischer Wildheit» beschuldigt hatten.

Genau in dieser Aussage liegt allerdings ein Moment der Unsicherheit, denn das Schreiben Gregors diente unverkennbar apologetischen Zwecken. War sich der Papst also am Ende doch bewußt, ein unerwünschtes fait accompli geschaffen zu haben? Diese Möglichkeit ist wirklich nicht ganz auszuschließen, aber für das Verständnis des Gesamtzusammenhangs scheint es wichtiger, sich erst einmal den Ablauf der Ereignisse klarzumachen. Dieser läßt sich wie folgt zusammenfassen: Das Verfahren begann mit einer Verhandlungsphase, in der verschiedene Vermittler auftraten. Diese Mediatoren erreichten, daß Heinrich IV. am 25. Januar 1077, dem Fest der Bekehrung des hl. Paulus, vor dem inneren Burgtor von Canossa erscheinen konnte. Drei Tage lang mußte der Salier dann auf Einlaß warten, und er stand da «ohne alle königlichen Gewänder und Insignien, barfuß und in wollenem Büßerhemd». Frierend und unter Tränen der Reue flehte er um Erbarmen; erst am 28. Januar wurden ihm die Tore aufgetan.

Dieses Geschehen wurde nach Gregors Worten vor allem dadurch bewirkt, daß Heinrich beständig Zerknirschung bekundete und das Mitleid sowie die Fürbitten und Tränen aller Anwesenden erregte. Aber der Papst verbürgt uns auch, daß es noch eine weitere Voraussetzung der Begnadigung gab – und das war die Leistung des schon erwähnten Sicherheitseides. Dieser wurde traditionsgemäß nicht von Heinrich selbst, sondern von zwei Bischöfen *in anima regis* geschworen; danach mußten sich auch die Unterhändler sowie einige andere Fürsten bereitfinden, die Einhaltung der Garantien (*securitates*) zu verbürgen. Inhaltlich versprach der Herrscher dabei zweierlei: 1. die Durchführung eines Gerichtsverfahrens zur Beilegung des Streits zwischen König und Reichsfürsten, das gemäß dem Urteilsspruch des Papstes oder – auf seinen Rat hin – durch Vergleich (*concordia*) Gerechtigkeit schaffen sollte, und 2. freies Geleit und körperliche Unversehrtheit für Gregor, falls er über die Alpen oder in andere Teile des salischen Reiches ziehen wolle.

Erst nach diesen Zusagen ließ der Papst den König zum Bußakt zu. Mit kreuzförmig ausgestreckten Armen mußte sich der Salier dabei vor dem Papst zu Boden werfen, danach erfolgte die Erteilung der Absolution und des päpstlichen Segens. Erst im Anschluß hieran führte Gregor den Herrscher in die Burgkapelle hinein, sprach das vorgesehene Gebet, gab ihm den Friedenskuß und zelebrierte die Messe. Dabei scheint Heinrich noch nicht zur Kommunion gegangen zu sein. Jedenfalls berichten uns Lampert und Berthold übereinstimmend, der König habe diesbezüglich um Aufschub gebeten. Das anschließende Versöhnungsmahl verlief deshalb in frostiger Atmosphäre. Finster und wortkarg soll Heinrich bei Tisch gesessen haben; statt die Speisen anzurühren, habe er die Tischplatte mit dem Fingernagel bearbeitet, weiß eine Einzelquelle zu berichten. Dennoch wurde er in Frieden entlassen und zu den Seinen zurückgeschickt.

Dieses Verfahren stand ganz in der Tradition der christlichen Herrscherbuße, aber vielleicht kann man den Befund noch konkreter fassen, denn es hat sich im römischen Pontifikale ein Formular erhalten, das zusätzlichen Aufschluß verspricht. Es heißt darin wörtlich: «Wenn ein Exkommunizierter oder mit dem Anathem Belegter von Reue gelenkt Verzeihung erbittet und Besserung verspricht, soll der Bischof, der ihn exkommuniziert hat, vor die Tür einer Kirche kommen (...). Und dort soll nach göttlichen und menschlichen Gesetzen der verursachte Schaden behoben oder, wenn dies bereits geschehen ist, die Wiedergutmachung bezeugt werden. Und wenn jener – hingestreckt auf die Erde – Verzeihung erfleht, seine Schuld bekennt, eine Buße erbittet und für die Zukunft Sicherheit (*cautela*) verspricht, dann soll der Bischof seine rechte Hand ergreifen, ihn in die Kirche führen und ihm die Kommunion und die christliche Gemeinschaft zurückgeben».

Die Parallelen zwischen diesem Bußritual und den Ereignissen von Canossa sind unübersehbar. Hier wie dort wird die Absolution vor dem Portal einer Kirche angesiedelt, auch die Prostration und Sicherheitsleistung ist uns in beiden Fällen bezeugt, und schließlich erfahren wir noch, daß Gregor den König – dem Ordo entsprechend – mit eigener Hand in die Kirche geleitete und ihm nach erfolgter Absolution die Eucharistie anbot. Wie hundert Jahre später beim Bußakt Friedrich Barbarossas in Venedig scheint man sich also auch in Canossa an den Normen des päpstlichen Liturgiebuchs orientiert zu haben.

Dieses Ergebnis läßt den Canossa-Gang in neuem Licht erscheinen. Wenn man bereit ist, der vorgeschlagenen Interpretation zu folgen, kann man den Schwur im Namen des Königs nicht mehr als rein politischen Akt verstehen. Er erscheint vielmehr zugleich als Einlösung einer liturgisch gebotenen Forderung, auch für die Zukunft «Sicherstellung des Verhaltens» (*cautela*) zu versprechen. Damit wird klar, daß es in Canossa nicht nur um die Übertretung des Verkehrsverbots mit Gebannten ging, sondern auch um den Dissens mit den Reichsfürsten. Dieser wurde als Störung des Rechtsfriedens bewertet. In Canossa stand also nicht etwa die Zugehörigkeit Heinrichs zum Laienstand zur Debatte. Es ging statt dessen um die Verpflichtung, sowohl den Fürsten als auch der Kirche gegenüber Frieden und Gerechtigkeit zu wahren.

Das Gegenkönigtum Rudolfs von Rheinfelden

Gleichwohl zeigte sich bald, daß der Bußakt von Canossa keine abschließende Lösung war. Denn die süddeutsche Fürstenopposition entschloß sich nunmehr zum Umsturz. Schon im Februar 1077 traf man sich deshalb in Ulm, und am 15. März war es soweit: Ohne Mitwirkung Gregors VII. wurde in Forchheim ein neuer König gewählt; sein Name war Rudolf von Rheinfelden. Die Forchheimer Wahl hat der Forschung viele Rätsel aufgegeben, aber eines ist klar: Sie war ein revolutionärer Vorgang. Nie zuvor in der Geschichte des ostfränkisch-deutschen Reiches war ein erwachsener König, der seit über zwanzig Jahren die Krone getragen hatte, von seinen eigenen Fürsten mit einem Gegenkandidaten konfrontiert worden. Nie zuvor hatte man sich dabei sowohl über den Willen des Papstes als auch über alle dynastischen Erwägungen hinweggesetzt. Man hat die Erhebung Rudolfs daher auf den Gedanken der freien Königswahl zurückgeführt und als Kurzschlußreaktion einer radikalen Minderheit bewertet.

Heute wissen wir: Das war ein Irrtum. Man muß zwischen ursprünglichen Zielen und situationsbedingten Entscheidungen differenzieren. Eruptive Prozesse haben meist einen äußeren Anlaß und tiefere Ursachen. So war es auch hier. Rein äußerlich wurde die Wahl nur dadurch ausgelöst, daß Heinrich das geplante Schiedsgericht des Papstes vereitelte, indem er ihm das vertraglich zugesicherte Geleit verweigerte. Aber die wahren Gründe lagen tiefer: Sie sind vor allem darin zu erkennen, daß der Salier bei der Fürstenopposition inzwischen jeden Kredit verloren hatte. Sie glaubte nicht mehr, auf dem Wege der bloßen Reform voranschreiten zu können. Nein, sie entschloß sich jetzt, Heinrich vom Thron zu stürzen und eine neue Rechtsordnung zu errichten.

Dieser Zusammenhang läßt sich vor allem am äußeren Ablauf der Versammlung ablesen: Zunächst wurde die von Gregor verfügte Absetzung des Saliers für irreversibel erklärt; danach begann man, über die Wahl eines neuen Königs zu beraten. Die hierzu geführten Verhandlungen müssen äußerst schwierig gewesen sein. Denn zum einen versuchten die beiden Legaten, die im Auftrag des Papstes in Forchheim erschienen waren, die Entscheidung möglichst aufzuschieben, zum anderen erklärte sich Otto von Northeim nur dann bereit, die Wahl Rudolfs von Schwaben mitzutragen, wenn er das Bayernherzogtum zurückerhalte. Der Sache nach lief diese Forderung wohl auf den Vorschlag hinaus, Rudolf möge auf sein eigenes Herzogtum verzichten und es an Welf IV. abtreten. Aber soweit kam es nicht. Man beschloß statt dessen, auf jegliche Wahlkapitulationen zu verzichten und den künftigen König lediglich zu Gerechtigkeit gegenüber jedermann zu ermahnen.

Damit ist etwas Wichtiges gesagt: Dieselbe Fürstengruppe, die das Geschehen von Trebur und Oppenheim bestimmt hatte, setzte sich auch in Forchheim durch. Neben den drei süddeutschen Herzögen waren dies vor allem die Erzbischöfe von Mainz, Salzburg und Magdeburg mit ihren Suffraganen aus Worms, Würzburg, Passau und Halberstadt. Demgemäß berieten die weltlichen und geistlichen Fürsten zunächst getrennt. Das Ergebnis bestand in zwei Entscheidungen: Auf der einen Seite verpflichtete man Rudolf, bei Bischofserhebungen stets das Prinzip der kanonischen Wahl zu beachten und weder Geld noch Freundschaftseide zu verlangen. Auf der anderen Seite schärfte man ihm ein, daß er sein Königtum nur aufgrund persönlicher Eignung und der Wahl der Fürsten erhalte und es somit auch nicht vererben könne. Erst im Anschluß hieran vollzog man die Kur, wobei der Erzbischof von Mainz, wie seit 1024 üblich, die erste Stimme abgab.

Wir dürfen annehmen, daß die bewußte Absage an eine dynastische Thronfolgeregelung auf eine Forderung der Sachsen unter Otto von Northeim zurückging. Aber sie lag wohl auch darin begründet, daß man keineswegs auf eine Königssalbung verzichten wollte und die Formen der Amtseinsetzung deshalb an die Bischofserhebungen anglich. Kein «Gesalbter des Herrn» sollte künftig noch anders als durch Wahl und Weihe seinen Rang erhalten. Das Wahlkönigtum wurde also auf die Grundlage von Liturgie und Kirchenrecht gestellt, und man hoffte, dafür die Zustimmung des Papstes zu erhalten.

Die späteren Ereignisse sollten zeigen, daß man sich damit gründlich verrechnet hatte. Doch zunächst konnte Siegfried von Mainz in seinem Dom die Salbung vollziehen, und dann begann der Kampf gegen Heinrich. Dabei traf Rudolf auf große Schwierigkeiten. Denn in Forchheim hatte ihn nur eine kleine Fürstengruppe von zehn bis zwölf Personen zum König gewählt, während sich die Mehrheit der Großen abwartend verhielt oder gar auf der Seite des Saliers stand. So entstand eine unübersichtliche Gemengelage, die durch das Verhalten des Papstes nicht unbedingt vereinfacht wurde. Gregor entschloß sich nämlich, im Thronstreit strikte Neutralität zu wahren und ein päpstliches Schiedsgericht abzuhalten. Dieser Plan war freilich gar nicht durchführbar, und deshalb mußten zunächst die Waffen sprechen. In zwei erbitterten Schlachten standen sich die feindlichen Heere bei Mellrichstadt (August 1078) und Flarchheim (Januar 1080) gegenüber. Erst als Gregor VII. erkannte, daß Heinrich seine Friedensbemühungen bewußt hintertrieb und sich auch in der Frage der Investitur völlig unnachgiebig verhielt, trat eine Wende ein: Die Fastensynode von 1080 verschärfte nicht nur das Investiturverbot, sondern arbeitete auch die konstitutive Rolle der vom Papst oder einem seiner Metropoliten gebilligten kanonischen Bischofswahl heraus und belegte den Salier erneut mit dem Kirchenbann.

Damit war bereits die Entscheidung verbunden, Heinrich endgültig abzusetzen und seinen Konkurrenten als Herrscher anzuerkennen. Aber Rudolf konnte sich darüber nicht lange freuen, denn die Schlacht an der Weißen Elster beendete sein

Königtum am 15. Oktober 1080 genauso jäh, wie es begonnen hatte: Zunächst wurde ihm im Kampf die rechte Hand abgeschlagen; dann starb er an den Folgen seiner Verwundung. Nicht wenige sahen darin ein Menetekel, war es doch die abgehauene Schwurhand, die ihn ums Leben gebracht hatte. Seine Anhänger indes ließen sich durch nichts erschüttern, sondern setzten ihn in Merseburg unter einer Grabplatte bei, die ihn in vollem königlichem Ornat zeigte und als Märtyrer der Kirche Gottes feierte. Heinrich IV. soll daraufhin nur gesagt haben, er wünsche, daß alle seine Gegner so ehrenvoll bestattet würden.

Die Agonie von Reich und Kirche

Der Tod Rudolfs von Rheinfelden bedeutete für die Fürstenopposition einen schwer zu verwindenden Rückschlag. Erst nach zehn Monaten fand sie die Kraft, mit Hermann von Salm einen neuen Gegenkönig zu wählen. Aber es war ein Zwerg auf den Schultern eines toten Riesen, der am 26. Dezember 1081 in Goslar aus den Händen Siegfrieds von Mainz die Krone empfing. Nichts, rein gar nichts erinnerte an seinen Vorgänger, den mächtigen Rivalen Heinrichs IV. Hermann war vielmehr ein Außenseiter, der sich nur als Galeonsfigur eignete. Gewiß standen ihm mit Welf IV. und Otto von Northeim zwei einflußreiche Männer zur Seite. Aber was bedeutete das schon angesichts der Machtmittel des Saliers, der sich inzwischen im gesamten Westen und Norden des Reiches behauptete und nur noch im östlichen Sachsen, in Mainfranken und im Alpenvorland auf größeren Widerstand traf?

Vor diesem Hintergrund markierte das Jahr 1080 einen Abschluß und einen Anfang zugleich. Es war ein Abschluß, weil die Zeit der Fürstenopposition nun allmählich zuende ging, langsam zwar, doch mit unaufhaltsamer Tendenz. Aber es war zugleich ein Neuanfang, denn Heinrich gewann gerade damals eine Handlungsfreiheit, die er noch nie zuvor besessen hatte. Er, der uns ein Vierteljahrhundert lang als Opfer der jeweiligen Verhältnisse erschien, der immer wieder gegen seinen Willen handeln mußte, um sein Königtum zu retten, bekam auf einmal

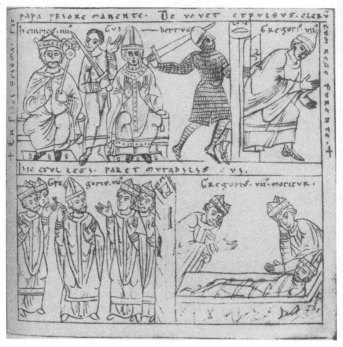

Abb. 7: Szenen aus dem Leben Heinrichs IV. Weltchronik Ottos von Freising.
Oben links: Heinrich IV. und Wibert von Ravenna,
rechts: Vertreibung Gregors VII. aus Rom. Unten links: Bannung Heinrichs IV.
durch Gregor VII., rechts: Tod des Reformpapstes in Salerno
(Jena, Universitätsbibliothek, Cod. Jenensis Bose q. 6, fol. 79a).

die Chance, nicht mehr nur zu reagieren, sondern mit ganzer Kraft für seine Überzeugungen zu kämpfen. Und er hat es getan. Mit beispielloser Energie eroberte er bis 1085 drei Viertel des Reichs zurück. Zunächst fielen Kärnten und das nördliche Schwaben, dann folgte die Poebene, und schließlich gewann Heinrich sogar den größten Teil Sachsens zurück. Vergeblich flüchtete Hermann zeitweise zu den Dänen; er mußte am Ende resignieren und sich nach Lothringen zurückziehen. Dort ist er am 28. September 1088 gestorben; der *Vita Heinrici IV.* zufolge soll ihn eine Frau mit einem Mühlstein erschlagen haben.

Deshalb könnte man auf den Gedanken kommen, die zweite Regierungshälfte des Saliers sei vor allem als eine Periode des Wiederaufstiegs und der Konsolidierung der Königsherrschaft zu beschreiben. Aber dies wäre ein Irrweg. In Wahrheit verfügte keine der kämpfenden Parteien über ein Integrationskonzept, das geeignet war, einen vollständigen Sieg zu erringen. Die Zeit der charismatischen Herrschaft eines Einzelnen war im Grunde schon vorbei. Weder Gregor VII. noch Heinrich IV. repräsentierten die Zukunft, wenn sie versuchten, alles auf die eigene Person zu zentrieren und Gehorsam zu fordern. Freilich war auch noch kein Königtum neuer Prägung in Sicht, denn die Fürstenopposition hatte es ja nur mit einer reformerischen Variante des alten Sakralkönigtums versucht, ohne feste Mechanismen der Konfliktregulierung zu entwickeln. Gewiß war der Bruch mit dem dynastischen Thronfolgeprinzip ein neuer und langfristig auch fruchtbarer Gedanke, da die Fürstenwahl die Möglichkeit eines Interessenausgleichs in sich barg. Aber es fehlte noch an Rezepten für den Alltag, denn die Etablierung einer bloßen Marionette an der Spitze des Reichs konnte ebensowenig zum Erfolg führen wie eine reformreligiöse Grundhaltung, die bei der Mehrheit der Bischöfe auf Ablehnung stieß.

So bedeuteten die Jahre zwischen 1080 und 1106, zwischen der erneuten Bannung Heinrichs und seinem Tod in Lüttich, eine lange Phase der Agonie, des lähmenden Grundsatzstreites, in dem sich erst ganz am Schluß eine Lösung abzeichnete. Dabei kam es zu einem interessanten Gesamtverlauf: Am Anfang stand ein Zweikampf um religiöse und kirchenpolitische Grundpositionen, und am Ende gab es einen lachenden Dritten: Es war die Fürstenschaft, die nun stärker am Reich beteiligt wurde.

Das Wibertinische Schisma

Diese überraschende Entwicklung macht es erforderlich, nach den historischen Ursachen zu forschen, und man hat sich dabei auf drei Aktionsfelder zu konzentrieren: zunächst auf Heinrichs Konflikt mit dem Reformpapsttum, dann auf sein Verhältnis zu den Reichsfürsten und schließlich auf die innerdynastische

Krise der späten Regierungsjahre, in der sich die beiden Söhne des Saliers nacheinander gegen den Vater erhoben. In allen drei Fällen zeigte sich, daß es Heinrich auf Dauer nicht gelang, das Rad der Zeit zurückzudrehen und eine Gesellschaftsordnung zu verteidigen, in der das Papsttum im Schatten des Kaisertums stand und der Reichsepiskopat die wichtigste Stütze des Herrschers bildete. Anfangs sah es freilich so aus, als ob genau dies gelingen könnte. Man merkt es bereits an den äußeren Ereignissen: Zu Pfingsten 1080 trafen sich 19 deutsche Bischöfe in Mainz, um den Papst auch ihrerseits mit Bann und Absetzung zu bedrohen, und am 25. Juni ging eine Synode von Brixen sogar noch einen entscheidenden Schritt weiter: Sie nominierte Erzbischof Wibert von Ravenna als künftigen Papst und machte damit deutlich, daß sie bereit sei, notfalls auch eine schismatische Hierarchie aufzurichten.

Den Worten folgten die Taten. Schon im Mai 1081 stand Heinrich IV. erstmals vor Rom, im Jahr darauf wiederholte er seinen Angriff, und im dritten Anlauf gelang ihm 1083 tatsächlich ein Teilerfolg: Die Leostadt rings um die Peterskirche wurde besetzt, und Gregor VII. fand sich bereit, in Verhandlungen einzutreten. Dabei zeigte sich rasch, daß die Gegensätze nicht mehr zu überbrücken waren. Der Papst bestand nämlich darauf, daß sich der Salier zunächst einem Bußakt zu unterwerfen habe, und die Römer liefen daraufhin in Scharen in das Lager des Gegners über. Selbst 13 Kardinäle fanden sich bei Heinrich IV. ein. Die Stadt öffnete am 21. März 1084 ihre Tore, und so kam es schon drei Tage später zur Kirchenspaltung: Wibert wurde am Palmsonntag zum römischen Bischof gewählt und noch am gleichen Tag im Lateran auf den Papstthron gesetzt.

Sein neuer Name – Clemens (III.) – kündete von den Tagen, als Heinrich III. die Kaiserkrone empfangen hatte, denn auch dessen Sohn wurde nunmehr zum Kaiser gekrönt. Indes: Das glänzende Schauspiel, am Ostersonntag des Jahres 1084 vollzogen, verdeckte nur sehr kurz die Schwierigkeiten, die nach wie vor bestanden. Gregor VII. war nämlich keineswegs verloren. Gewiß mußte er von der Engelsburg aus tatenlos zuschauen, wie nur ein paar hundert Meter weiter die Krönungsprozession vorbeizog. Aber seine Rettung war nahe. Nur einen Monat später befreiten ihn die Normannen und nahmen ihn mit nach Salerno.

Dort ist der Reformpapst allerdings schon am 25. Mai 1085 gestorben, und sein Tod ist Anlaß genug, um noch einmal über die Wurzeln des großen Konflikts nachzudenken. Dabei darf man das Problem des Sakralkönigtums nicht allzu wichtig nehmen, denn die vollständige Entsakralisierung des Herrscheramtes war im Grunde eine Radikalforderung, die gar nicht durchsetzbar war: Gregor VII. hat sie erhoben, weil er meinte, der Ursprung aller irdischen Herrschaft sei letztlich im menschlichen Hochmut (und damit in der Erbsünde) zu suchen. Heinrich IV. hat sich dagegen mit der sogenannten Zweischwertertheorie gewehrt und auf der Nichtjudizierbarkeit des gesalbten Königs bestanden. Aber was von den meisten Menschen gewünscht wurde, lag eher auf einer mittleren Linie: Demnach bedeutete ein gerechter König ein Stück Vorwegnahme himmlischer Herrschaft und wurde gesalbt, um das Schwert der irdischen Gerechtigkeit zu führen und den Bischöfen zur Seite zu stehen. Keiner der Könige des Investiturstreits, ganz gleich ob Salier oder nicht, hat deshalb auf die Salbung verzichtet; selbst nach 1125 blieb diese Praxis erhalten.

Kann man somit kaum behaupten, daß die sakrale Legitimation des Herrscheramtes das zentrale Problem des Investiturstreits gewesen sei, so stellt sich natürlich die Frage, was es denn war, das den Konflikt zwischen Papsttum und Königtum über den Tod Gregors VII. hinaus noch fast vierzig Jahre am Leben hielt. Dabei drängen sich zwei mögliche Antworten auf: Zum einen könnte es der Streit um die laikale Vergabe von Kirchenämtern gewesen sein; zum anderen kommt aber auch die Betonung des römischen Primats in Frage. In der Tat sind beide Gesichtspunkte geeignet, die Tragweite und Dauer der Auseinandersetzung etwas besser verständlich zu machen. Denn die Päpste hatten ja schon seit Leo IX. den Grundsatz der kanonischen Wahl verteidigt, und auch die Vorstellung vom Papst als alleinigem Garanten der Rechtgläubigkeit und obersten Hirten, Richter und Gesetzgeber der Kirche zählte gewissermaßen zum

Kernbestand der Reformforderungen. Christus habe nicht gesagt: «Ich bin die Gewohnheit», sondern: «Ich bin die Wahrheit» – diese berühmte Formulierung Gregors VII. faßte alles aphoristisch zusammen. Jede noch so alte, aber schlechte Gepflogenheit – auch die Investiturpraxis – sollte vor der Wahrheit der Bibel und des Kirchenrechts weichen. Die Heilsbotschaft Christi konnte also in den Augen der Reformer nur dann verwirklicht werden, wenn der Gegensatz zwischen *lex* und *consuetudo* beseitigt wurde.

Vor diesem Hintergrund war die Wahl Wiberts von Ravenna ein schwerwiegender Fehler, ja eine *ultima ratio*, die nur in die Sackgasse führen konnte. Zu lange schon hatten die Päpste ihren Aktionsradius erweitert, zu lange hatten das päpstliche Prozeßrecht und die neuen Reformvorstellungen bereits auf alle Winkel Europas ausgegriffen, als daß man das Rad der Zeit hätte einfach zurückdrehen können. Die Obödienz des Gegenpapstes blieb deshalb im wesentlichen auf das salische Reich und seine kleineren Nachbarn beschränkt; vor allem in Frankreich wurde Wibert niemals als Papst anerkannt. Ein zweites kam hinzu: Heinrichs Festlegung auf das althergebrachte Investiturrecht und die Errichtung einer schismatischen Hierarchie legten ihm eine Fessel auf, aus der er sich nicht ohne weiteres befreien konnte. Mochte Wibert ihm auch noch so energisch zur Seite stehen, mochte er Simonie und Priesterehe bekämpfen und den Kaiser bei den geistlichen Reichsfürsten unterstützen – stets galt die Maxime von Leistung und Gegenleistung. Der Kaiser stand und fiel mit seinem Gegenpapst.

Die Folge davon war, daß Kampf und nicht etwa Konfliktlösung für Jahrzehnte das Feld bestimmte. Zwar dauerte es noch bis zum Jahre 1088, bis Gregor VII. in Urban II. († 1099) einen ebenbürtigen Nachfolger fand, doch die Fürstenopposition hatte unterdessen noch längst nicht aufgegeben. «Oh, beklagenswertes Antlitz des Reichs!», kommentierte daher ein Augsburger Annalist die Situation, «Wie man in einer Komödie liest: ‹Alle sind wir verdoppelt›, so sind nun die Päpste verdoppelt, die Bischöfe verdoppelt, die Könige verdoppelt, die Herzöge verdoppelt.» Damit war in der Tat etwas Richtiges erfaßt,

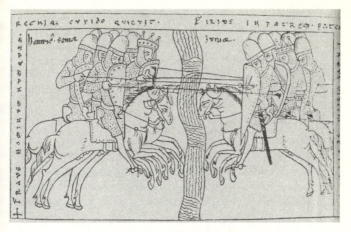

Abb. 8: Kampf zwischen Heinrich IV. und Heinrich V.
Weltchronik Ottos von Freising
(Jena, Universitätsbibliothek, Cod. Jenensis Bose q. 6, fol. 91b).

denn Papstschisma und Fürstenopposition sorgten für chaotische Zustände. Es nutzte nichts, daß beide Seiten zum Schutze der waffenlosen Bevölkerung Friedensgebote erließen – die eigentliche Entscheidung blieb aus, nur die Kräfteverhältnisse verschoben sich allmählich zu Heinrichs Ungunsten.

Die Gründe dafür sind vor allem im Einfluß Papst Urbans II. zu suchen. Denn dieser war nicht nur ein schlauer Federfuchs, der die Ziele der Kirchenreform mit einer Mischung von Prinzipientreue und Pragmatismus verfolgte; er war auch ein Diplomat ersten Ranges, der es verstand, neue Koalitionen zu schmieden. Sein wohl größter Erfolg gelang ihm im Jahre 1089. Damals vermittelte er nämlich eine Ehe zwischen dem erst 17jährigen Sohn Welfs IV. und der bereits 43jährigen Fürstin Mathilde von Tuszien, und dieses Bündnis ließ mit einem Mal die Entstehung eines vom Ammersee bis zum Arno reichenden Mittelreichs denkbar erscheinen. Heinrich versuchte vergeblich, dagegen anzukämpfen. Im Herbst 1092 erschien er mit seinem Heer persönlich vor Canossa, um Mathilde in ihrem Machtzentrum zu treffen. Aber der Kampf endete mit einer Niederlage, und die weiteren Ereignisse zeigten, daß damit nicht nur eine Schlacht, sondern fast der ganze Krieg verloren war.

Die dynastische Krise

Die Folgen bekam Heinrich sogleich zu spüren; denn im Jahre 1093 begann die längste Krise, die der Salier überhaupt durchzustehen hatte: Es war die Zeit, in der sich nacheinander seine beiden Söhne gegen ihn erhoben und das Papstschisma faktisch zu Ende ging. Der äußere Hergang ist rasch erzählt: Konrad (III.) war schon im Jahre 1087 zum Mitkönig erhoben worden, doch er war es leid, unter der Kuratel seines Vaters zu stehen, und lief deshalb zu dessen Feinden über. Als Motiv dafür wird in den Quellen die Absicht erkennbar, eine eigenständige Herrschaft zu errichten und sich mit den Reformern auszusöhnen, aber zugleich ging es wohl darum, den eigenen Vater zu entmachten und zur Abdankung zu zwingen.

Jedenfalls begnügte sich Konrad nicht damit, sich von Erzbischof Anselm von Mailand zum König Italiens krönen zu lassen, sondern er schloß auch ein festes Bündnis mit Welf IV. von Bayern, dessen gleichnamigem Sohn Welf V., Mathilde von Tuszien und vier lombardischen Städten. Heinrich IV. sah sich dadurch regelrecht eingekreist: Abgeschnitten von der Welt mußte er ein ganzes Jahr in einer Festung zwischen Verona und dem Gardasee verbringen; nach Bernold von Konstanz soll er damals sogar an Selbstmord gedacht haben.

Wir wissen nicht, ob Konrad schon in dieser Zeit Kontakte zu Urban II. unterhielt, können indes mit Bestimmtheit sagen, daß Heinrichs Kaisertum spätestens im Frühjahr 1095 auf des Messers Schneide stand. Sein Sohn traf sich damals schon in Cremona mit dem Papst, um die Bedingungen seiner Kaiserkrönung festzulegen. Ausdrücklich wird uns dabei gesagt, daß er nicht nur einen Eid zur Wahrung und Mehrung der Petrusregalien leistete, sondern auch zur Beachtung der päpstlichen Investiturdekrete verpflichtet wurde. Seine Herrschaft sollte also auf ganz anderen Grundlagen stehen, als sie bislang üblich waren.

Trotzdem brauchte Heinrich nicht zu verzweifeln, denn gerade in diesen Monaten – im April oder Mai 1095 – ging die Ehe zwischen Welf V. und Mathilde von Tuszien auseinander. Damit bot sich dem Kaiser ganz unversehens die Chance, mit den Welfen über einen Koalitionswechsel zu verhandeln, und überhaupt kündigten sich jetzt die Vorboten des Umschwungs an. Sie kamen auf leisen Sohlen, unmerklich fast, und werden in keiner erzählenden Quelle genannt. Aber die Urkunden bezeugen, daß sich allmählich der Regierungsstil wandelte. Bislang hatte der Herrscher nämlich nur selten auf den Ratschluß der Fürsten gehandelt. Nun jedoch verzeichnete die kaiserliche Kanzlei fast regelmäßig ganze Personengruppen als Intervenienten und Zeugen, die nicht bloß pauschal erwähnt, sondern namentlich festgehalten wurden.

Diese Veränderung ist in der Forschung nicht unbemerkt geblieben. Nur hat man versäumt, auf den genauen Zeitpunkt zu achten: Es ist das Jahr 1096, das einen qualitativen Sprung markiert. Diesem Befund entspricht es, daß sich Heinrich eben damals mit den Welfen über das Bayernherzogtum einigte und zwei Jahre später auch die Zweiteilung Schwabens akzeptierte: Der Südwesten samt dem Rektorat über Burgund fiel an den Zähringer Berthold, der bis dahin in Opposition gestanden hatte; der Staufer Friedrich mußte sich mit dem Norden und Osten zufriedengeben. Damit waren erste Ansätze zu einer konsensualen Herrschaftsform gemacht. Der Erfolg zeigte sich darin, daß Heinrich seinen jüngeren Sohn, Heinrich V., 1099 ohne Schwierigkeiten zum neuen Mitkönig erheben konnte.

Währenddessen mußte Konrad ins Exil zu Mathilde von Tuszien flüchten. Bis zum 27. Juli 1101 hat er in Florenz gelebt, von den Anhängern Wiberts aus der Poebene verdrängt; dann starb er im Alter von 27 Jahren, ohne einen Erben zu hinterlassen. Gleichwohl hat Heinrich IV. seinen Lebensabend nicht im Frieden verbringen dürfen, denn Investiturstreit und Papstschisma warfen weiterhin lange Schatten. Gewiß verstarben Urban II. und Clemens (III.) kurz nacheinander in den Jahren 1099 und 1100, und gewiß beschloß der Salier daraufhin – auf Anraten seiner Fürsten – den Ausgleich mit Paschalis II. (1099–1118) zu suchen. Aber der neue Papst verhielt sich ablehnend: Auf der Lateransynode von 1102 wurde sogar ganz grundsätzlich die Vergabe von Kirchengütern durch Laienhand verboten.

Deshalb nutzte es dem Salier nichts, auf dem Mainzer Hoftag von 1103 eine Bußwallfahrt nach Jerusalem zu versprechen und einen Reichsfrieden zu verkünden, der alle Kapitalverbrechen mit Körperstrafen bedrohte und damit die Idee der Rechtsgleichheit verwirklichte: Paschalis II. blieb hart und gewann immer mehr Anhänger. Ende 1104 ergab sich daraus sogar eine neue Herrschaftskrise. Denn am 12. Dezember 1104 trennte sich der junge, damals gerade 18jährige Mitkönig von seinem Vater und schloß sich zu Weihnachten mit einer Fürstengruppe zusammen, zu der außer den Grafen Diepold von Vohburg, Otto von Habsburg-Kastl und Berengar von Sulzbach auch der bayerische Herzog Welf V. gehörte. Sie alle standen noch in jungem Lebensalter und fühlten sich in besonderer Weise verpflichtet, die Reform der Klöster und Stifte zu fördern. Dahinter stand offenbar die Überzeugung, man könne sich nur dadurch das eigene Seelenheil sichern. Jedenfalls heißt es in einem programmatischen Schreiben eines der Empörer: «Niemand ist bei der Sintflut gerettet worden außerhalb der Arche, welche die Gestalt der Kirche trug.»

Die Rebellion Heinrichs V. gegen seinen Vater war also von Anfang an religiös motiviert, und auch die 1105 abgehaltene Reformsynode von Nordhausen «dürstete nach der Einheit der Kirche», wie Ekkehart von Aura sagt. Darunter war der Frieden mit Paschalis II. zu verstehen, denn an der Jahreswende 1104/05 war es zu einem ungewöhnlichen Vorgang gekommen: Der Papst hatte den jungen Salier damals ausdrücklich von seinem 1099 geschworenen Eid gelöst, nicht vorzeitig nach der Krone seines Vaters zu greifen, und damit war der Weg frei geworden, eine nochmalige Königswahl zu vollziehen. Diese Wahl erfolgte am 5. Januar 1106 in Mainz, danach schloß sich eine Insignienübergabe durch den dortigen Erzbischof und eine Huldigung der Großen an.

Diese Vorgänge stellten das Königtum Heinrichs V. auf genau dieselbe Basis, die man schon 1077 in Forchheim für tragfähig gehalten hatte: Nicht die Erbfolge, sondern der gemeinsame Wille der Großen, der *consensus fidelium*, sollte das wichtigste Grundprinzip bilden. Außerdem wurde der Herrscher verpflichtet, sich als «gerechter Lenker des Reiches» und Verteidiger der Kirchen Gottes zu erweisen. Damit war eine solide Plattform geschaffen, um den Kampf gegen den Kaiser auch nach empfindlichen Niederlagen weiterzuführen. So schrieb Heinrich V. im März/April 1106, kurz nachdem seine Truppen bei Visé an der Maas geschlagen worden waren, an die Fürsten: «Man will den König absetzen, den Ihr Euch erkoren habt, damit nichts von dem bestehen bleibt, was Ihr entschieden habt.» Die Reaktion fiel aus, wie erwartet. Statt den jungen Salier im Stich zu lassen, scharten sich die Getreuen im Juli erneut zusammen und teilten dem alten Kaiser öffentlich mit, man habe seinen Sohn zum König gewählt, um endlich die Kirchenspaltung zu überwinden und die Einheit der Kirche wiederherzustellen.

Gegen diese – mit biblischen Worten untermauerte – Grundposition konnte Heinrich IV. am Ende nichts ausrichten. Zwar dauerte es noch anderthalb Jahre, bis der Bürgerkrieg zu Ende war. Aber schon im Jahre 1105, als es Heinrich V. mit List gelang, seinen Vater in der Burg Böckelheim gefangenzunehmen, fiel die eigentliche Entscheidung. Krone, Kreuz und alle Reichsinsignien mußte der Kaiser herausgeben; am 31. Dezember 1105 wurde er in der Pfalz Ingelheim zur Abdankung gezwungen. Auch seine Flucht, einen Monat später, konnte den Dingen keine entscheidende Wendung mehr geben. Von Lüttich aus organisierte Heinrich IV. seinen Widerstand. Bei Visé an der Maas errang er, wie gesagt, am 22. März 1106 noch einen letzten Sieg. Doch er starb, bevor es zur Entscheidungsschlacht kam, am 7. August 1106, und sein Sohn war alleiniger König.

Abb. 9: Insignienübergabe von Heinrich IV. auf Heinrich V.
Weltchronik Ekkeharts von Aura
(Berlin, Staatsbibliothek, Stiftung Preußischer Kulturbesitz,
Cod. Lat. 295, fol. 99r).

V. Ein überforderter König:
Heinrich V. und der Beginn einer neuen Ära
(1106–1125)

Man sagt es nicht gern, doch Heinrich V. gehört nicht gerade zu den Prominenten unter den mittelalterlichen Herrschern. Sein rastloser Aktivismus und seine hochfliegenden Pläne, sein glänzender Beginn und sein trauriger Abstieg sind längst vergessen. Kaum jemand erinnert sich noch, daß er einst den Investiturstreit beendete und sich in ständigen Kämpfen mit den Fürsten zerrieb. Auch das Ergebnis dieses Ringens ist – weil schwer faßbar und in Widersprüchen und Kompromissen gebannt – dem Gedächtnis weitgehend entschwunden. Niemand weiß heute mehr, daß man damals das Fundament der höfischen Gesellschaft legte, die Feudalisierung der Reichskirche einleitete und das Prinzip der konsensualen Herrschaft von König und Fürsten etablierte. Obwohl gerade diese drei Momente für die Nachwelt von ungeheurer Bedeutung waren, obwohl sich in ihnen der Übergang vom Früh- zum Hochmittelalter widerspiegelt, hat das allgemeine Geschichtsbewußtsein den letzten Salier fast völlig verdrängt.

Das war freilich nicht immer so, und es gilt auch nicht für die Forschung. Aber an Heinrich V. scheiden sich die Geister: Für die einen ist er ein tiefreligiöser Reformer, der letztlich daran scheiterte, daß er die Lösung des Investiturproblems auf Kosten der geistlichen Reichsfürsten erstrebte. Andere sehen in ihm einen brutalen Machtpolitiker, der unter dem Deckmantel kirchlicher Gesinnung taktische Allianzen schloß. Beide Sichtweisen können sich auf die Aussagen von Zeitgenossen berufen. Doch es nutzt im Grunde recht wenig, die einschlägigen Quellenstellen noch einmal Revue passieren zu lassen; denn aufschlußreicher ist in jedem Fall ein Blick auf die politische Praxis – und die zeugt nicht gerade von einem zielstrebig verfolgten

Konzept, sondern eher von einem schwer verständlichen Zick-Zack-Kurs, der zu einer tiefen Vertrauenskrise führte.

Man merkt es bereits an einem einzigen Tag in Heinrichs Leben. Denn am 12. Februar 1111 ereignet sich ein großartiges Schauspiel: Gerade eine halbe Woche zuvor haben sich Papst und König über das Ende des Investiturstreits verständigt, da bewegt sich eine festliche Prozession auf die römische Leostadt zu. Ihr Ziel ist die Peterskirche; dort wartet Paschalis II., um Heinrich V. zum Kaiser zu krönen. Zur Begrüßung bezeugt ihm der Salier mit einem Fußkuß seine Ehrerbietung; dann werden im Inneren der Basilika die Friedensurkunden verlesen. Ihr Inhalt ist atemberaubend: Zunächst erklärt der König, künftig auf jegliche Investitur verzichten zu wollen, danach befiehlt der Papst, alle Güter und Rechte zurückzugeben, die offensichtlich zum Reich gehören. Nur die Oblationen und Erbgüter sollen den Bischöfen und Äbten zum Nießbrauch verbleiben.

Das ist mehr, als die geistlichen Fürsten ertragen können. Noch während der Proklamation kommt es zu lautstarkem Protest. Zwar stehen genügend Bewaffnete bereit, um die Bischöfe mit Gewalt zum Konsens zu zwingen. Aber trotzdem ruft Konrad von Salzburg aus, lieber lasse er sich den Kopf abschlagen, als dem, was gefordert werde, seine Zustimmung zu geben. Bereitwillig eilt ein Ritter namens Heinrich Haupt herbei, um ihm den Wunsch mit dem Schwert zu erfüllen. Da breitet der König schützend die Arme aus und hindert ihn mit den Worten: «Nicht doch, Heinrich; es ist noch nicht die Zeit dafür!» Wenig später wird der Papst gefangengenommen, und man preßt ihm nach zwei Monaten das Zugeständnis ab, den Bischöfen und Äbten ihre Reichslehen zu belassen und die königliche Investitur zu dulden. Der Herrscher hat von einem Moment zum anderen die Fronten gewechselt.

In dieser Ereignisfolge bündelt sich die Lebensproblematik des letzten Saliers wie in einem Fokus. Denn Heinrich neigte immer wieder dazu, Radikallösungen zu verfechten und von einem Extrem ins andere zu fallen, doch seine Regierungszeit wurde vor allem von der Notwendigkeit diktiert, tragfähige Kompromisse zu erzielen und die Königsherrschaft auf neue

Heinrich V. (1106–1125)

Grundlagen zu stellen. Zwei Problemkreise waren dabei unübersehbar: Auf der einen Seite die vom Reformpapsttum erhobene Forderung, auf die Investitur mit Ring und Stab zu verzichten und selbst die Verfügungsgewalt über das Kirchengut aufzugeben, auf der anderen Seite der Anspruch der Fürsten auf Ausbau ihrer Machtgrundlagen und Mitsprache in allen wichtigen Reichsangelegenheiten. Beide Schwierigkeiten ließen sich nicht über Nacht beheben. Aber Heinrich V. hat das nicht rechtzeitig erkannt. Seine leidenschaftliche Kämpfernatur ließ es nicht zu, geduldig nach Kompromissen zu suchen. Er war zu unreif, um seinen Handlungsspielraum richtig einzuschätzen, und darum bezeichnen die Ereignisse vom 12. Februar 1111 den entscheidenden Wendepunkt seines Lebens.

Dieser Eingangsbefund läßt es geraten erscheinen, die Geschichte Heinrichs V. im Bild einer jäh abfallenden Kurve einzufangen. Aber es ist nicht leicht, diese Entwicklung nachzuzeichnen, denn es fehlt bis heute an einer kritischen Edition der Herrscherurkunden, und auch die erzählenden Quellen bieten keinen Ersatz, da sich mit der Chronik Ekkeharts von Aura nur eine einzige zeitgenössische Gesamtdarstellung erhalten hat. Alle anderen Schriftzeugnisse tragen entweder den Stempel verzerrender Rückschau oder sind so fragmentarisch, daß sich eine genauere Betrachtung gar nicht lohnt. Die Quellenlage ist also ausgesprochen schwierig, und dazu kommt der Umstand, daß die zahlreichen Verdikte, die über Heinrich gefällt wurden, alles andere als objektiv erscheinen.

Neben den Tücken der Überlieferung gibt es freilich auch solche des Forschungsstandes. Denn es mag zwar richtig sein: Man hat das Leben Heinrichs V. bis in den letzten Winkel durchleuchtet, hat die Quellen geprüft und zahllose Details zusammengetragen. Aber über die zentralen Probleme ist wissenschaftlich noch nicht das letzte Wort gesprochen. Vor allem bleibt nach wie vor ungeklärt, worin eigentlich die Handlungsmaximen des Herrschers bestanden. Einig ist man sich lediglich über das Ergebnis von Heinrichs Regierung: Es war ein vollständiger Mißerfolg. Seine Anhängerschaft schmolz mehr und mehr zusammen; in den letzten Jahren konnte er sich fast nur noch an Rhein und Main bewegen. Es nutzte ihm also letztlich nichts, sich – zumindest zeitweise – mit den Staufern zu verbünden, denn er starb ohne Erben, und das Königtum fiel an einen seiner Gegner.

Die ersten Jahre

Diese vernichtende Leistungsbilanz verweist uns rückblickend auf einen ziemlich unpopulären, vielleicht auch schwachen und überforderten Herrscher, doch davon war am Beginn der Entwicklung noch nichts zu spüren. Das Königtum Heinrichs V. hat vielmehr gerade in den Anfangsjahren eine erstaunliche Integrationskraft entfaltet. Mehr als fünfzig Reichsfürsten waren versammelt, als sich am 5. Januar 1106 der Regierungsantritt des jungen Herrschers vollzog, und noch in den Monaten des Thronkampfes mit Heinrich IV. rechtfertigte sich seine Wählerschaft mit den Worten: «Wir, die wir als Söhne der Braut Christi durch den Hl. Geist einmütig zur Einheit des Glaubens zurückgekehrt sind, haben dem unverbesserlichen Haupt jener Spaltungen, unserem angeblichen Kaiser Heinrich, endgültig abgeschworen und uns statt dessen einen König erwählt, der katholisch ist, obwohl er aus seinem eigenen Samen stammt.»

Diese Botschaft war ein Fanal. Sie zeigte vor allem, daß Heinrich gewählt worden war, um die Kirchenspaltung zu beenden, und so war es nicht unbedingt instinktsicher, wenn er sich schon im August 1106 entschloß, den Leichnam seines Vaters nach Speyer bringen zu lassen. Damit setzte er zwar ein Zeichen der Versöhnung und erfüllte den letzten Wunsch des Verstorbenen, stieß aber seine eigenen Anhänger vor den Kopf. Diese hatten nämlich bereits damit begonnen, die Gebeine schismatischer Bischöfe aus den Kirchen zu entfernen, und auch Bischof Gebhard von Speyer weigerte sich ganz entschieden, den toten Kaiser in seinem Dom zu bestatten. Dahinter stand die Vorstellung, daß ein Gebannter niemals in geweihter Erde ruhen dürfe – und dagegen konnte auch ein König nichts ausrichten. So wurde der Leichnam erst einmal in der noch ungeweihten Afra-Kapelle deponiert und konnte erst fünf Jahre später mit Erlaubnis des Papstes in die Familiengrablege überführt werden.

Heinrich V. (1106–1125)

Wir unterschätzen heute leicht, was solche Dinge in einer Zeit bedeuteten, in der das Religiöse noch unangefochtene Autorität besaß, können ihre Valenz indes etwas besser verstehen, wenn wir uns vor Augen halten, daß Heinrich V. noch im Jahre 1111 über die Beerdigung und nachträgliche Absolution seines Vaters verhandelte. Was darin zum Ausdruck kam, war sicherlich die christliche Pflicht der Totensorge, aber auch das Bedürfnis, den dynastischen Bruch zu verschleiern, denn der junge König wollte als «Erbe und Nachfolger des Kaisers» fungieren. Er ließ deshalb in seiner Hofchronik eine Federzeichnung anfertigen, in der die Insignienübergabe von 1105 als vollkommen harmonischer Vorgang erschien (*Abb. 9*). Damit wurde die Geschichte bewußt umgeschrieben, und demselben Zweck diente es auch, wenn der Herrscher über dem Westportal des Speyerer Doms im August 1111 eine goldene Inschrift einmeißeln ließ. Darin verbriefte er den Einwohnern der Stadt nämlich beachtliche Steuerfreiheiten – doch als Gegenleistung sollten sie jedes Jahr am Todestag und der Vigil seines Vaters mit brennenden Kerzen in die Kirche kommen und Brote für die Armen spenden.

An einen solchen Totenkult konnte man freilich zu Beginn von Heinrichs Regierungszeit noch gar nicht denken. Denn damals zählte eigentlich nur eines: die möglichst rasche Beseitigung der Kirchenspaltung. Sollte es nicht bei bloßen Lippenbekenntnissen bleiben, mußte man unbedingt in Verhandlungen mit dem Papst eintreten. In der Tat traf eine Gesandtschaft von zehn deutschen Bischöfen bereits im Oktober 1106 auf dem Konzil von Guastalla ein, doch dort zeigte sich rasch, wie viel es noch zu besprechen gab. Da sich der Investiturkonflikt inzwischen auch auf die Lehnsbindung der Bischöfe und die laikale Vergabe von Kirchengut bezog, ging es längst nicht mehr ausschließlich um die Praxis der Ring- und Stabübergabe. Vielmehr stand nun auch der eigenkirchenrechtliche Anspruch des Königs auf Heeresfolge und Versorgung mit Naturalabgaben zur Debatte – und was das bedeutete, kann man schon daran ablesen, daß sich der Hof Heinrichs V. in knapp 80% aller urkundlich belegten Fälle in Bischofsstädten bewirten ließ.

Überhaupt sollte man sich davor hüten, die Spätphase des Investiturstreits allein im Lichte der zeitgenössischen Theoriebildung zu betrachten, denn viele Bischöfe waren zwar energische Förderer der Mönchs- und Kanonikerreform, fühlten sich aber zugleich als Reichsfürsten, die sich um den Ausbau ihrer Herrschaft zu bemühen hatten. Die Investitur mit Reichsgut und weltlichen Hoheitsrechten war für sie sozusagen die elementare Voraussetzung, um ihre Ministerialität zu versorgen, repräsentative Funktionsbauten zu errichten und eine aktive Burgen- und Klosterpolitik zu treiben. Nichts wäre also falscher als die Vorstellung, das Bündnis mit dem König sei allein religiös fundiert gewesen. Vor diesem Hintergrund kam es den meisten Bischöfen gerade recht, daß sich unter den scholastisch Gebildeten schon seit längerem die Tendenz abzeichnete, den Episkopat als Träger einer doppelten Amtsgewalt – einer geistlichen und einer weltlichen – zu bewerten und die Investitur allein auf den Temporalienbesitz der Kirchen zu beziehen. Am konsequentesten hatte diesen Gedanken Bischof Ivo von Chartres im Jahre 1097 ausgesprochen. Ihm war es ziemlich gleichgültig, ob sich die Herrscher bei der Übertragung von Kirchengut eines geistlichen Symbols bedienten oder eine andere Form der Einweisung bevorzugten. Nach Ivos Meinung war es völlig klar, daß die irdischen Herrscher nichts Geistliches (*nihil spirituale*), sondern nur die *bona exteriora* (den weltlichen Besitz der Kirchen) vergeben könnten. Genauso stand für ihn außer Frage, daß die Bischöfe durch kanonische Wahl ermittelt werden müßten.

Damit war der Weg geebnet, die Temporalienleihe als rein innerweltlichen Vorgang ohne jede sakramentale Bedeutung zu interpretieren, und in der Tat gelang es auf dieser Basis, in den Jahren 1104 bis 1107 sowohl in Frankreich als auch in England und der Normandie zu tragfähigen Kompromissen zu finden. Anders sah es jedoch im Herrschaftsbereich des Saliers aus: Paschalis II. zeigte sich zwar durchaus bereit, Heinrich V. das zu gewähren, was ihm seiner Ansicht nach rechtlich zustand; er sprach sich aber nach wie vor für die Abschaffung der Laieninvestitur aus. Die königliche Seite hingegen betonte zwar den rein innerweltlichen Charakter der Investitur, indem sie diese lehnrechtlich ausdeutete und nur auf die vom König zu vergebenden Güter und Rechte, die sogenannten Regalien, bezog; sie beharrte jedoch darauf, daß sich der Herrscher dabei auch in Zukunft der traditionellen Rechtssymbole (Ring und Stab) bedienen dürfe. Daher mußten die Gespräche von Guastalla schon bald ergebnislos abgebrochen werden. Solange sich beide Parteien in der eigentlichen Kernfrage als intransigent erwiesen, konnte ein Durchbruch natürlich nicht gelingen.

Auch die im Mai des folgenden Jahres in Châlons-sur-Marne vollzogene Fortsetzung der Verhandlungen war wegen der mangelnden Konzessionsbereitschaft aller Beteiligten von vornherein zum Scheitern verurteilt, ja es kamen sogar noch atmosphärische Störungen hinzu. Deshalb konzentrierte sich Heinrich V. zwischen 1107 und 1110 vor allem auf sein Verhältnis zu den Nachbarreichen. Gleich vier Feldzüge führten ihn dabei nach Osten, doch konnte er am Ende nur in Böhmen seine Lehnshoheit wahren, während Ungarn und Polen ihre Unabhängigkeit behaupteten. Ähnlich wie im Westen, wo die Beziehungen zu Frankreich 1107 auf einem Tiefpunkt angelangten und nur die 1110 geschlossene Verlobung mit Mathilde, der damals erst achtjährigen Tochter Heinrichs I. von England, neue Perspektiven und eine materiellen Zugewinn (von immerhin 10000 Mark Silber) erbrachte, mußte sich der Salier also damit zufriedengeben, daß sein Reich wenigstens von außen her ungefährdet blieb. Zu einer Hegemonialpolitik aber reichte es nicht mehr; der für das Jahr 1111 angesagte Romzug sollte die Stagnation überwinden. In der Tat erzielte Heinrich dabei schon auf der Hinreise einen überraschenden Erfolg. Denn die alte Markgräfin Mathilde von Tuszien schloß mit ihm ein festes Bündnis. Sein Inhalt stellte alles auf den Kopf, was man seit Jahrzehnten gewohnt war: Mathilde verzichtete darauf, ihre Herrschaft wie bisher allein mit der Idee des Gottesgnadentums zu legitimieren und nahm den König als Lehnsherrn an. Zudem setzte sie ihn als Alleinerben ein und stellte ihm damit einen Wechsel auf die Zukunft aus.

Die Krise von 1111

Unterdessen kam auch die Lösung des Investiturproblems zumindest theoretisch voran. Schon im Jahre 1109 war nämlich in Lothringen ein Rechtsgutachten entstanden, das in Anlehnung an Ivo von Chartres und unter Benutzung gefälschter Papstprivilegien folgenden Gedankengang entwickelte: Da sich die königliche Verfügungsgewalt lediglich auf die Temporalien, nicht aber auf die Spiritualien beziehe, spiele die äußere Form der Investitur nur eine untergeordnete Rolle. Der Herrscher könne die Regalienleihe sowohl durch ein Wort als auch durch eine Urkunde, einen Stab oder irgendeinen anderen Gegenstand vollziehen. Diese Argumentationskette, in welcher das Verhältnis zwischen Herrscher und Episkopat als reine Lehnsbindung aufgefaßt wurde, die dinglich in den Regalien und persönlich in der Leistung von Handgang und Treueid zum Ausdruck kommen sollte, stieß freilich in Rom zunächst auf taube Ohren. Noch im März 1110 – also zu einem Zeitpunkt, als die Verhandlungen über Heinrichs Kaiserkrönung bereits in vollem Gange waren – lehnte eine im Lateran versammelte Synode die Übertragung von Kirchengütern durch Laienhand kategorisch ab. Erst als der König elf Monate später schon auf Rom losmarschierte, trat eine überraschende Wende ein.

Heinrich V. arbeitete nämlich auf einmal mit einer Gesandtschaft, in der kein einziger Bischof zu finden war, und der Papst unterbreitete einen Vorschlag, der die Axt an die Wurzel legte: Die Bischöfe und Äbte sollten mit einem Schlag aus dem Kreis der Reichsfürsten ausscheiden, ihre Regalien an den König zurückgeben und sich nicht weiter in dessen Angelegenheiten mischen. Die Scheidung von kirchlicher und weltlicher Rechtssphäre wurde damit konsequent zu Ende gedacht und die Regalienleihe mit einem Federstrich obsolet gemacht – aber dies alles geschah auf der Basis einer abstrakt-geschichtswidrigen Konstruktion, die keinerlei Rücksicht auf gewachsene Strukturen nahm, sondern sich streng an den Normen des Kirchenrechts orientierte.

Der Sache nach lief dieser Lösungsvorschlag auf einen radikalen Systemwechsel hinaus, denn die Bischöfe und Äbte verfügten ja nicht nur über große Mengen an Reichsgut, das sie zu Heeresfolge und *servitium regis* verpflichtete, sondern waren darüber hinaus auch mit allerhand Hoheitsrechten (wie Zoll, Markt und Münze, ja ganzen Grafschaften) ausgestattet. Dem Papst schien also eine tiefgreifende Reform der Herrschaftsorganisation und ein sehr weitgehender Austausch der Machtelite erforderlich. Gleichwohl muß seine Vision auf Heinrich V. und seinen engsten Beraterkreis eine ungeheure Faszination ausgeübt haben. Jedenfalls protestierten sie noch nicht einmal, als Paschalis II. die Regalien mit ihrer Zugehörigkeit zum Reich statt mit ihrer Herkunft vom König definierte, und erklärten sich schon am 9. Februar 1111 in Sutri bereit, die Investiturpraxis vollständig aufzugeben.

Die Hintergründe für diese Entscheidung sind der spärlichen und in sich widersprüchlichen Überlieferung freilich kaum zu entnehmen. Wollte Heinrich V. den Papst lediglich in Sicherheit wiegen? Oder glaubte er ernsthaft daran, er könne sein Reich auch ohne den Episkopat regieren? So scheint es tatsächlich gewesen zu sein, denn der König schloß seine Bischöfe ja bewußt von den Verhandlungen aus, und die daraus resultierende Konfrontation in der Peterskirche wird uns derart eindrucksvoll geschildert, daß man kaum an eine bloße Inszenierung denken mag. Tausend Schwerter wurden gegen die Bischöfe gezückt, heißt es da. Dann wird von einem ganzen Ring von Bewaffneten gesprochen, der sich um den Episkopat geschlossen habe, und schließlich ist natürlich an die Szene mit Heinrich Haupt zu erinnern, der dem Erzbischof von Salzburg bereits den Kopf abschlagen wollte, als ihn der König auf später vertröstete.

In scharfem Kontrast dazu steht allerdings in einem Manifest von Heinrichs Kanzler Adalbert, kein Anhänger des Königs habe geglaubt, daß der Papst seine Zusagen in legitimer Form (*cum iusticia et auctoritate*) erfüllen könne, und Ekkehart von Aura ergänzt, der Salier habe seine Zustimmung zum Vorschlag des Papstes von vornherein an den Vorbehalt geknüpft, daß sich auch die Reichsfürsten und die gesamte Kirche damit einverstanden erklärten. Davon ist jedoch in den eigentlichen Vertragstexten nichts, aber auch gar nichts zu lesen; es scheint sich also allenfalls um eine nachträgliche Interpretation zu handeln. Für viel wichtiger ist es deshalb zu halten, daß Heinrich ohne seine Bischöfe verhandelte und sich statt dessen auf seinen Kanzler Adalbert, seinen Kämmerer Folkmar und eine kleine Gruppe von Laienadligen stützte.

Damit ist das Interpretationsproblem indessen noch nicht ganz gelöst, denn die weltlichen Fürsten und die Reichsministerialen galten zwar zunächst als die mutmaßlichen Gewinner des päpstlichen Vorschlags, gingen aber am Ende vollständig leer aus. Es stellt sich also die Frage nach den Gründen für das Scheitern der Verhandlungen. Man macht dabei eine erstaunliche Beobachtung: Jener Adalbert, der bei den Vorgesprächen die Feder führte und den Heinrich V. später als «Mitwisser aller Reichsgeheimnisse» bezeichnete, dem er die Leitung des Hofes und den Befehl über die gesamte Ritterschaft anvertraute, wäre im Februar 1111 fast zum ersten Opfer des päpstlichen Regalienverzichts geworden. Wie konnte es dazu kommen? Adalbert war zwar über viele Jahre hinweg der engste Vertraute des Königs gewesen, und man hatte ihn deshalb 1110 zum Erzbischof von Mainz gewählt. Aber er war noch nicht mit den Regalien investiert, als man in Rom und Sutri über den Investiturkonflikt verhandelte. Deshalb hatte er ein persönliches Interesse daran, den Lösungsvorschlag des Papstes zu Fall zu bringen, wollte sich jedoch Heinrich V. gegenüber nichts anmerken lassen. So entschloß er sich zu einem raffinierten Doppelspiel und baute in die Vertragstexte eine scheinbar unverfängliche Klausel ein. Diese Klausel bestand aus der Verpflichtung des Papstes, den Regalienverzicht *cum auctoritate et iusticia* zu vollziehen – und genau an dieser Formulierung entzündete sich später der Streit. Paschalis II. verstand darunter nämlich etwas ganz anderes als die deutschen Bischöfe. Während der Papst die Ansicht vertrat, es genüge, auf die Autorität des Evangeliums und der Apostel zu verweisen und kirchenrechtliche Normen zu zitieren, argumentierten seine Gegner verfahrensrechtlich und beharrten auf der Notwendigkeit allgemeiner Zustimmung.

Das war in der Tat ein geschickter Schachzug, denn nach damaligen Vorstellungen genügten schon lautstarker Protest und

Tumult, um rechtsverbindliche Entscheidungen zu verhindern. Damit war jedoch noch keine konstruktive Lösung gefunden, und so war die weitere Entwicklung von Gewalt und Nötigung bestimmt: Paschalis II. wurde 61 Tage lang gefangengehalten, man verwischte den Unterschied zwischen dem freien Eigen der Kirchen und ihren zum Reich gehörigen Regalien und zwang den Papst am 11. April 1111 in einem am Ponte Mammolo ausgehandelten Vertrag dazu, Heinrich V. die traditionelle Investiturpraxis zuzugestehen und hierüber am folgenden Tag ein Privileg auszustellen. Nach diesem von den Reformern schon bald als «Pravileg» (= Schandurkunde) bezeichneten Dokument war es dem Herrscher von nun an erlaubt, die Bischöfe und Äbte seines Reiches im Anschluß an eine simoniefreie kanonische Wahl und noch vor der Weihe mit den Regalien, d. h. dem gesamten Temporalienbesitz ihrer neuen Kirchen, zu investieren. Elekten, denen der König seine Zustimmung (und damit auch die Investitur) verweigere, sollten künftig nicht mehr geweiht werden dürfen.

Es liegt auf der Hand, daß die kirchliche Reformpartei eine solche Regelung keineswegs als abschließende Lösung des Investiturproblems betrachten konnte. Und in der Tat, kaum hatte Heinrich V. sich am 13. April 1111 zum Kaiser krönen lassen, und kaum waren die Deutschen in ihre Heimat zurückgekehrt, da zeigte sich, daß der Salier die Beharrlichkeit der strengen Reformanhänger unterschätzt hatte. Obwohl Paschalis II. zunächst vertragstreu blieb, kam es schon bald zu einer Revision der Entscheidung: Das Laterankonzil von 1112 zwang den Papst, sein Investiturprivileg zurückzunehmen, und nötigte ihn zugleich, das Weiheverbot für ungültig zu erklären, das er für noch nicht investierte Elekten verkündet hatte. Zur Begründung wies man darauf hin, daß die 1111 geschlossene Zwangseinigung gegen die Normen des Kirchenrechts verstoße und zudem ohne den Rat und die Zustimmung der Kardinäle zustandegekommen sei.

Die Konflikte mit den Reichsfürsten

Papst und Kaiser sind also in den Jahren 1111/12 gleichermaßen an ihre Grenzen gestoßen. Sie konnten wichtigere Fragen nicht mehr allein entscheiden, sondern wurden nachdrücklich auf das Prinzip der konsensualen Herrschaft verpflichtet. Damit gelangte der Investiturkonflikt schnell an einen toten Punkt. Aber ähnlich schwierig gestaltete sich auch das persönliche Verhältnis Heinrichs V. zu seinen Großen. Denn die Ereignisse vom Februar 1111 lösten eine tiefe Vertrauenskrise aus, die auch durch die Wiederherstellung des früheren Zustands nicht mehr geheilt werden konnte. Jeder Fürst wußte nunmehr, daß Heinrich ihn als austauschbaren Funktionär betrachtete, und so kam es schon im Jahre 1112 zu schweren Zusammenstößen.

Am Anfang stand dabei ein Konflikt, der sich offensichtlich daran entzündete, daß der Salier eher die Ministerialität als die Fürsten förderte. Was war geschehen? Folgt man dem Bericht der allerdings erst spät entstandenen Stader Annalen, so besaß der dortige Markgraf Rudolf zwei Ministerialen namens Ulrich und Friedrich. Diese galten als Dienstmannen, weil sie mütterlicherseits von einer englischen Schiffbrüchigen abstammten, waren aber durch die Übertragung von Herrschaftsaufgaben zu Macht und Reichtum gelangt. Deshalb gebärdeten sie sich wie freie Vasallen, ja einer von ihnen bot dem Kaiser sogar 40 Mark in Gold an, damit er ihm seine Freiheit verbriefe. Ihr Herr, der Markgraf, reagierte ebenso empört wie entschlossen: Zunächst gab er einem von ihnen in Anwesenheit des Herrschers eine schallende Ohrfeige, um ihn als entlaufenen Hörigen zu brandmarken, dann verbündete er sich mit Herzog Lothar von Sachsen, um auch den anderen zur Räson zu bringen. Auf einem vom Kaiser anberaumten Gerichtstag war es soweit: Ohne die rechtliche Klärung der Streitfrage erst lange abzuwarten, nahmen die beiden Fürsten den unbotmäßigen Ministerialen einfach gefangen und führten ihn in die Burg Salzwedel ab. Das empfand Heinrich als Majestätsbeleidigung. Zwar hatte er am Prozeß nicht persönlich teilgenommen, doch genügte ihm schon die Mißachtung seines Bevollmächtigten, um Rudolf und Lothar kurzerhand durch andere Große zu ersetzen. Ein Fürstengericht verkündete den Spruch, und bald darauf rückte der Herrscher gegen die Burg Salzwedel vor. Hier jedoch ergaben sich die beiden Fürsten, ersuchten den Kaiser fußfällig um Gnade und erhielten umgehend ihre Ämter zurück.

Der sachliche Gehalt dieser Geschichte ist nicht in allen Einzelheiten zu überprüfen. Aber sie transportiert immerhin die klare Botschaft, daß man sich uneins war, inwieweit der Kaiser berechtigt war, in die bestehende Herrschaftsordnung einzugreifen. Dieser Punkt sorgte auch in anderen Fällen für Konfliktstoff. Gleichgültig ob der Salier freigewordene Lehen einzog, ohne sich um die Erbansprüche der Seitenverwandten zu kümmern, ob er eigenwillige Personalentscheidungen traf oder diese auch nur in Erwägung zog – die Reaktion war stets dieselbe: Die Fürsten lehnten sich auf und wählten den Weg in die Fehde. Besonderen Ärger rief dabei die Förderung der Reichsministerialität hervor. Denn Heinrich begnügte sich nicht damit, seinen Dienstmannen Reichsvogteien zu übertragen und sie bei wichtigen Beurkundungsgeschäften zu Rate zu ziehen. Er knüpfte vielmehr auch ganz bewußt an die Burgenbaupolitik seines Vaters an, ließ im Rheinland und Westfalen die Königshöfe befestigen, errichtete in Sachsen, Thüringen und dem Elsaß eine ganze Anzahl von neuen Burgen und schuf damit ein Drohpotential, das erheblichen Widerstand provozierte. Schon bald entluden sich die Spannungen. In Köln beispielsweise wurde bereits 1112 eine Schwureinung gegründet, um den eigenen Rechtsstand (*libertas*) zu schützen, und als der Kaiser zwei Jahre später einen Feldzug gegen die Friesen anberaumte, versperrte ihm eine rheinische Opposition den Weg – angeblich, weil einer seiner Reichsministerialen die Steuern erhöht und das Land zu sehr bedrückt habe.

Man ist schnell geneigt, hinter solchen Aktionen ein zielgerichtetes Konzept des Kaisers zu vermuten. Aber sollte es ein solches gegeben haben, so war es wenig durchdacht, denn die Reichsministerialität war schon rein zahlenmäßig zu schwach, um sich gegen die geballte Macht der Fürsten und ihres Anhangs durchzusetzen. Zudem verfügte der Salier keineswegs über eine geschlossene Krondomäne, sondern mußte sich mit Streubesitz zufriedengeben, der schon aufgrund seiner Dislozierung schwer zu verteidigen war. Gleichwohl hielt Heinrich daran fest, seinen Dienstmannen auch höhere Ämter anzuvertrauen. So wurde der bereits mehrfach erwähnte Ritter Heinrich Haupt 1113 zum Burggrafen von Meißen erhoben, und als er drei Jahre später in Gefangenschaft geriet, war er dem Herrscher so wertvoll, daß er ihn gegen drei inhaftierte Fürsten austauschen ließ.

Überhaupt scheint sich Heinrich V. vor allem auf seine Ministerialen gestützt zu haben. Denn der Besitz einer Burg und die Kontrolle einer Straße waren ihm oft wichtiger als die Loyalität der Reichsfürsten. Besonders gut kann man das am Fall des Mainzer Erzbischofs Adalbert studieren. Schon im November 1112 kam es nämlich zu einem schweren Zerwürfnis: Adalbert weigerte sich, dem Bistum Speyer die etwa 4 km südöstlich des Trifels gelegene Madenburg zurückzugeben. «Solange ich lebe, werde ich die Burg niemals zurückgeben, und ich werde Euch fortan auch nicht mehr umsonst dienen», soll er auf einem Wormser Hoftag gesagt haben. Und vorausgegangen waren offensichtlich schon andere Spannungen, denn der Mainzer hatte es ausdrücklich abgelehnt, den Herrscher an einem anderen Ort als Worms aufzusuchen, und war dort mit einer großen Schar von Bewaffneten erschienen.

Die einzige Quelle, die uns solches berichtet, ist freilich Heinrich V. selbst, der sich in einem erregten Brief über den Vorfall äußerte und seinem langjährigen Kanzler darin auch alle möglichen anderen Schlechtigkeiten vorwarf. Dazu zählten insbesondere politische Untreue und eigenmächtige Usurpation von Reichsregalien. Der Kaiser war demnach der Meinung, daß Adalbert ihn aus eigensüchtigen Motiven verraten habe, und so kam es schon wenige Wochen später zum endgültigen Bruch. Heinrich verlangte nun auch alle anderen Burgen zurück, die er dem Mainzer überlassen hatte, und nahm ihn nach heftigem Wortwechsel einfach gefangen. Derselbe Mann, den der Herrscher einst als «die eine Hälfte unserer Seele» empfunden hatte, wurde jetzt als Todfeind behandelt. Als er nach drei Jahren auf

Druck der Mainzer Ritterschaft endlich freikam, soll er nach Ekkehart von Aura «kaum noch an seinen Knochen gehangen» haben.

Man sieht: Heinrich V. neigte zu großer Härte. Aber man muß ihm zugute halten, daß er sich Ende 1112 in einer ungeheuren Zwangslage befand: In Burgund hatte ihn Erzbischof Guido von Vienne im September wegen seiner Investiturpolitik exkommuniziert. In Worms war ihm im November eine äußerst feindselige Stimmung entgegengeschlagen, obwohl er der Stadt gerade einen Monat zuvor die Zollfreiheit bestätigt und den Wachdienst erlassen hatte. In Köln bildete sich, wie schon erwähnt, eine mächtige Schwureinung, die sich gegen seine Ministerialenpolitik richtete, und ganz Ostsachsen und Thüringen befanden sich im Aufstand. Diese Herrschaftskrise bekam der Herrscher nur durch militärischen Druck in den Griff. Aber sein Erfolg war nicht vollständig, denn bei seiner Hochzeit mit Mathilde, am 6. Januar 1114, waren zwar fünf Herzöge, 35 Bischöfe und zahllose Grafen und Äbte anwesend, doch viele von ihnen nahmen es nur widerwillig hin, daß sich Herzog Lothar von Sachsen barfuß und im Büßergewand auf dem Fest zeigen mußte und Graf Ludwig von Thüringen sogar in Ketten gelegt wurde. Durch verfrühte Abreisen zeigten die Fürsten ihren Protest; später kam es zu regelrechten Verschwörungen gegen den Kaiser. Die Rheinländer und Westfalen verbündeten sich am Ende sogar mit den aufständischen Sachsen, und so erlitt der Kaiser am 11. Februar 1115 in der Schlacht am Welfesholz (bei Eisleben) eine vernichtende Niederlage.

Man muß sich klarmachen, was das bedeutet: Binnen weniger Jahre hat Heinrich V. zwei seiner drei großen Königsgutkomplexe verloren. Nur noch am Main und am Mittelrhein konnte er sich behaupten, aber selbst dort mußte er den Wormsern im November 1114 ihre Treue regelrecht abkaufen und sah sich ein Jahr später in Mainz sogar einer Belagerung seiner Pfalz ausgesetzt. Adalbert kam dadurch wieder frei, und so formierte sich zu Weihnachten 1115 in Köln eine echte Fundamentalopposition. Sie bestand aus fast allen Fürsten nördlich der Main-Linie und bestätigte den Bannfluch gegen den Kaiser. Damit waren die Zeichen auf Sturm gestellt. Wutschnaubend mußte der Herrscher mitansehen, wie sogar Bischof Erlung von Würzburg zu den Feinden überlief – seine Reaktion bestand darin, sich noch stärker als bisher auf die Staufer Friedrich und Konrad zu stützen.

Die letzten Kämpfe

Insgesamt entstand dadurch eine Art Patt-Situation. Ganz Lothringen und Sachsen waren dem Kaiser versperrt, aber die süddeutschen Fürsten standen treu auf seiner Seite, und so suchte der Herrscher sein Heil in Italien. Dort war nämlich am 24. Juli 1115 die alte Markgräfin Mathilde gestorben, und nun galt es, ihre Erbschaft anzutreten. Dabei traf Heinrich auf keinerlei Schwierigkeiten. Obwohl er nur ein kleines Gefolge bei sich hatte, brachte er sowohl die Poebene als auch das Bergland in seinen Besitz; im April 1116 trat er sogar als Herr von Canossa auf. Gleichwohl war der Italienzug kein vollständiger Erfolg. Die Lateransynode von 1116 verurteilte nämlich das «Pravileg» auf das schärfste, und das hatte einschneidende Konsequenzen: Auf der einen Seite kam es nördlich der Alpen zu schweren Unruhen, auf der anderen Seite rückte die Lösung des Investiturkonflikts in weite Ferne. Heinrich reagierte heftig. Zu Ostern 1117 marschierte er persönlich in Rom ein, doch der Papst war nach Benevent ausgewichen und weigerte sich von dort aus, ihm die Regalienleihe mit Ring und Stab zu gestatten. So verliefen die folgenden Jahre ohne klares Ergebnis. Nach dem Tode Paschalis' II. erhob der Kaiser mit Gregor VIII. sogar noch einmal einen Gegenpapst. Allein, die Tage des Schismas waren gezählt. Das Reformpapsttum gewann schon nach wenigen Monaten die Oberhand, und der Kaiser sah sich nach seiner Rückkehr aus Italien von seinen eigenen Fürsten genötigt, mit Papst Calixt II. in Verhandlungen einzutreten.

Die aus diesem Grund Anfang Oktober 1119 in Straßburg aufgenommenen Gespräche kamen zunächst erstaunlich gut voran. Schon nach wenigen Tagen konnte man Calixt II. in Paris die Nachricht überbringen, daß man ein grundsätzliches Einvernehmen erzielt habe, und nur kurze Zeit später gelang es einer zweiten päpstlichen Gesandtschaft, mit Heinrich V. den Entwurf zweier Vertragstexte auszuhandeln, mit denen der Konflikt beendet werden sollte. Diesen Dokumenten zufolge erklärte sich der Salier bereit, ganz auf die Investitur zu verzichten und den Kirchen ihre entfremdeten Güter zurückzuerstatten. Calixt II. sollte versprechen, dem Kaiser «wahren Frieden» zu geben und ihm das Seinige zu restituieren. Etwaige Streitfälle sollten vor der jeweils zuständigen geistlichen oder weltlichen Gerichtsinstanz entschieden werden.

Doch so einfach, wie es der Wortlaut der Abmachungen suggerieren mochte, war dem Investiturproblem nicht beizukommen. Solange die entscheidende Frage, was mit dem Temporalienbesitz der Kirchen geschehen solle, nur unklar beantwortet wurde, mußte offenbleiben, ob Heinrich mit der Investitur zugleich auch die Regalienleihe fallenlassen würde oder ob er lediglich auf die Benutzung von Ring und Stab verzichten wollte. Calixt II., der am 24. Oktober 1119 in Mouzon mit dem Kaiser persönlich zusammentraf, drängte deshalb auf eine sofortige Präzisierung der Vereinbarungen, genauer gesagt: auf eine Zusicherung des Herrschers, daß sich sein Investiturverzicht auch auf die weltlichen Besitzungen der Kirchen erstrecke. Aber Heinrich V. ließ sich nicht überrumpeln. Er verwies statt dessen darauf, daß er eine dermaßen weitgehende Zusage nur auf einem Hoftag und mit Zustimmung der Fürsten geben könne. Und er war auch nicht durch den Hinweis zu beeindrucken, daß sich an den Leistungen der Reichskirchen für den König ja gar nichts ändern müsse. So scheiterten die Verhandlungen, und der Papst versuchte, eine von ihm zur selben Zeit in Reims abgehaltene Synode dazu zu bewegen, die von Heinrich V. praktizierte Regalieninvestitur noch einmal ausdrücklich zu verbieten. Doch auch dieser Wunsch wurde abschlägig beschieden. Die Konzilsteilnehmer belegten zwar den Salier und seine Anhänger mit dem Kirchenbann, aber sie weigerten sich, das von Calixt geforderte Investiturverbot auch auf das Kirchengut auszudehnen. Es wurde lediglich die Laieninvestitur mit ganzen Bistümern und Abteien untersagt, wohingegen das Problem der Regalienleihe völlig unberücksichtigt blieb.

Damit war die eigentliche Entscheidung ein weiteres Mal vertagt. Der Salier unternahm deshalb im Juni 1121 einen letzten Befreiungsschlag, indem er auf das papsttreue Mainz losmarschierte. Dabei zeigte sich rasch, daß die Geduld der Fürsten erschöpft war. Obwohl sie sich schon seit Jahren in zwei Lager aufgespalten hatten, sprachen sie sich nämlich übereinstimmend dafür aus, eine paritätisch besetzte Schiedskommission aus 24 Großen zu bilden, und so wurde der Konflikt im Herbst 1121, auf einem Hoftag zu Würzburg, durch Fürstenspruch beendet. Sein Wortlaut ist außerordentlich bemerkenswert: «Das ist der Beschluß, auf den sich die Fürsten im Streit zwischen dem Herrn Kaiser und dem Reich verständigt haben», heißt es gleich zu Beginn, und danach folgen die Sätze: «Der Herr Kaiser möge dem Apostolischen Stuhl gehorchen. Und über die böswillige Anklage, die die Kirche gegen ihn vorbringt, soll mit Rat und Bestand der Fürsten zwischen ihm und dem Herrn Papst ein Vergleich geschlossen werden, und der Friede soll so sicher und unverbrüchlich sein, daß der Kaiser das erhalte, was ihm und dem Reich gehört, und die Kirche und jeder andere das Seinige ruhig und friedlich besitze.»

Was in diesen Formulierungen zum Ausdruck kam, war weit mehr als nur der Wille zum Frieden. Es war die Anschauung, nur die Fürsten würden im eigentlichen Sinne das Reich bilden. Denn im letzten Satz des Schreibens verpflichteten sich die Mitglieder der Schiedskommission, ihren Beschluß notfalls auch gegen den Willen des Kaisers zu beachten. Damit erhielt Heinrich V. die Quittung für das, was er im Februar 1111 versucht hatte. Aber man würde den Rahmen von Anfang an viel zu eng spannen, wollte man die Entscheidung von 1121 auf ein einzelnes Ereignis zurückführen. Sie war in Wahrheit die Konsequenz einer bereits im Ansatz verfehlten, aber über viele Jahre hinweg verfolgten Politik, die sich nicht auf den Konsens der Reichsfürsten stützte und nur den Reichsministerialen und einigen wenigen Laienadligen gewisse Vorteile versprach.

Soweit zu sehen ist, hat der letzte Salier seine Niederlage mit Würde getragen. Es ist uns nicht überliefert, daß er die Verhandlungen, die am 23. September 1122 zum Wormser Konkordat führten und die entscheidend vom Willen der Fürsten und des Kardinalkollegiums abhingen, irgendwie boykottiert hätte. Im Gegenteil: Die auf den Wormser Laubwiesen geschlossene und später vom Laterankonzil von 1123 zumindest tolerierte Vereinbarung wurde nicht nur von Adalbert von Mainz und anderen Gegnern des Herrschers, sondern auch von seinen engsten Vertrauten beglaubigt, und sie bedeutete in der Tat einen fairen Interessenausgleich.

Dabei verzichtete der Kaiser auf die Investitur mit Ring und Stab, behielt aber das Recht auf eine – künftig mit dem Zepter zu vollziehende – Regalienleihe, die in Deutschland in unmittelbarem Anschluß an eine simoniefreie kanonische Wahl, in Burgund und Reichsitalien innerhalb von sechs Monaten nach der Weihe erfolgen sollte. Dafür machte der Papst das Zugeständnis, daß die Wahlen in Deutschland in Gegenwart des Herrschers stattfinden könnten, und er gestattete dem Salier außerdem, bei zwiespältigen Wahlen gemäß dem Rat oder Urteil des zuständigen Metropoliten und seiner Suffraganbischöfe zugunsten des besseren Teils (*sanior pars*) der Wählerschaft einzugreifen.

Ferner machte Calixt dem Kaiser die Zusicherung, daß die Bischöfe und Äbte alle Rechtspflichten zu erfüllen hätten, die sich aus den Regalien ergäben. Er nahm hiervon lediglich all das aus, was anerkanntermaßen der Römischen Kirche gehöre, bestand also darauf, daß der Temporalienbesitz des heiligen Petrus der Rechtssphäre Heinrichs entzogen sei. Im Gegenzug gelobte der Herrscher, daß er die Rückgabe aller Besitzungen und Regalien des heiligen Petrus entweder persönlich vollziehen oder doch nach Kräften unterstützen werde. Beide Vertragspartner versprachen einander «wahren Frieden». Abschließend wurde vereinbart, daß man sich in Streitfällen wechselseitig Rechtshilfe leisten wolle.

Gleichwohl gab es eine ganze Reihe von Dingen, die in Worms mehr oder minder bewußt in der Schwebe gehalten wurden. Zwar ist nicht zu bestreiten, daß das Konkordat den deutschen Königen bis zum Jahre 1803 den Weg ebnete, «alle Temporalien der Kirche nach rein weltlichem Recht, und das bedeutete nun nach Lehnrecht, zu begreifen» (Peter Classen). Aber dieser Umstand darf uns nicht darüber hinwegtäuschen, daß die Feudalisierung der Reichskirche 1122 nur eingeleitet, jedoch keineswegs in allen Einzelheiten festgeschrieben wurde. Erst die folgenden Jahrzehnte führten dazu, daß Handgang und Treueid endgültig als reguläre Ausdrucksformen der Bindung zwischen König und Reichsprälaten angesehen wurden. Das Lehnrecht entwickelte sich damit rasch zur einzigen Legitimationsbasis für alle kirchlichen Servitialleistungen. Regalienleihe und Huldigung bildeten nun die entscheidenden Rechtsakte, mit denen der König seine Verfügungsgewalt über das Kirchengut zum Ausdruck brachte.

Außer dem Wormser Konkordat ist aus den letzten Regierungsjahren Heinrichs V. nicht viel zu berichten. Zwar gab es im Jahre 1124 noch einmal eine kurze Krise, als der Kaiser durch seine Ehe mit Mathilde in den englisch-französischen Gegensatz hineingezogen wurde. Aber der Feldzug, den er deshalb nach Metz unternahm, mußte ebenso ergebnislos abgebrochen werden wie ein kurz zuvor abgehaltener Hoftag, der sich gegen Lothar von Sachsen gerichtet hatte. Der Kaiser war also am Ende seines Lebens nicht mehr in der Lage, gestaltend in die Politik einzugreifen, und dem entspricht es, daß er fast nur noch zwischen Straßburg und Utrecht hin und her pendelte. In Utrecht ist er auch am 23. Mai 1125 an einer lange verheimlichten Krankheit (vielleicht Krebs) gestorben. Sein Tod verlief also recht unspektakulär, doch sein Königtum fiel nicht etwa in die Hände seines Neffen – es fiel in die Hände Herzog Lothars von Sachsen.

Schluß:
Das Jahrhundert der Salier

Überblickt man das Jahrhundert der Salier, so wird man sagen dürfen, daß es eine Epoche des beschleunigten Wandels war. Gewiß gab es auch Momente der Kontinuität, wenn man etwa an das Phänomen des Reisekönigtums oder die enge Verbindung des ostfränkisch-deutschen Reichs mit Italien denkt. Aber schon hier kam es zu erheblichen Kräfteverschiebungen, da das Papsttum enorm an Bedeutung gewann, während die Integrationskraft des Königtums mehr und mehr nachließ. So wird man die Salierzeit insgesamt als eine Phase des Umbruchs zu bewerten haben, die zu einem Wechsel der Herrschaftsgrundlagen, ja zu völlig neuen Rahmenbedingungen des menschlichen Zusammenlebens führte. Dieser Umstand ist den Saliern zum Verhängnis geworden, denn nur Konrad II. zeigte sich fähig, zeitgemäß zu handeln. Bereits unter Heinrich III. mehrten sich die Anzeichen dafür, daß die lange Periode der charismatisch-autokratischen Herrschaft allmählich zu Ende ging.

Die Ursachen dafür sind schwer zu fassen. Aber es hatte gewiß damit zu tun, daß die Überbetonung der amtsrechtlichen Bindungen mißliebige Reaktionen bei den Großen des Reiches auslöste. Ein zweiter Grund ist zweifellos darin zu suchen, daß sich ein geschärftes Bewußtsein für die Normen des Kirchenrechts entwickelte, das den Herrscher als Laien qualifizierte. Und schließlich sollte man auch daran denken, daß die Idee der funktionalen Dreiteilung der Gesellschaft (in «Beter», «Kämpfer» und «Arbeiter») ganz neue Gräben aufriß und eine umfassende Reform der Herrschaftsordnung erforderlich machte. Deshalb entwickelte sich die Regierungszeit Heinrichs IV. zu einer schier endlosen Dauerkrise, denn die religiöse Erneuerung gewann seit der Mitte des 11. Jahrhunderts eine ungeheure Eigendynamik, und zugleich vollzog sich ein Wandel der Machtgrundlagen, der eher den Papst und die Fürsten als den König begünstigte. Am Ende der Entwicklung mußte Heinrich V. ohnmächtig mit ansehen, daß das Wormser Konkordat einen Interessenausgleich herbeiführte, den er in dieser Form nie gewollt hatte. Das Bedürfnis nach Scheidung von geistlicher und weltlicher Rechtssphäre führte also zu einem Regierungssystem, das man zu Recht mit dem Schlagwort von der «konsensualen Herrschaft» (Bernd Schneidmüller) bedacht hat.

Allerdings wurde dadurch nicht alles Makulatur, was auf ottonischer Tradition beruhte. Vielmehr haben sowohl die Praxis der Königssalbung als auch die Idee der dynastischen Weitergabe der Herrschaft über den Investiturstreit hinaus ihre Zugkraft behalten. Freilich bekam nun unter dem Einfluß kirchlicher Gepflogenheiten der Gedanke der freien Königswahl neues Gewicht, und es wäre somit völlig falsch, dem Prinzip der Sohnesfolge absolute Priorität zuzubilligen. Aber weder der steigende Einfluß der Reichsfürsten noch die Tendenz zur Entsakralisierung des Königsamtes haben verhindert, daß die Herrscher des 12. Jahrhunderts nach wie vor gesalbt wurden und dynastische Pläne verfolgten. Insgesamt haben die letzten Salier also gerade in diesen Punkten ein beachtliches Stück Kontinuität gerettet.

Daneben haben Heinrich IV. und sein gleichnamiger Sohn auch eine Reihe von zukunftsträchtigen Schritten unternommen. Dazu zählte insbesondere die Aufwertung der Ministerialität, also einer Schicht von unfreien Dienstmannen, die sowohl für die Reorganisation der Königsgutkomplexe als auch für die Kriegsführung einen nicht zu unterschätzenden Faktor bildete. Gleichwohl gelang es nicht, die Fürsten auf diese Weise zu überspielen, denn zum einen fehlte es den Saliern an einer geschlossenen Krondomäne, und zum andern bildeten auch die Fürsten eigene Höfe aus, deren Ministerialen bald die Mehrzahl der Ritter stellten. So war das Reich beim Tode Heinrichs V. kein zentralistischer Königsstaat, sondern ein lebendiger Organismus, dessen Funktionsfähigkeit nicht zuletzt vom Willen der Fürsten abhing. Wenn der König ohne erbfähige Söhne blieb und über eine schwache Machtbasis verfügte, war er noch nicht einmal in der Lage, die Wahl eines ihm genehmen Nachfolgers durchzusetzen. Das Ende des Investiturstreits hat also nicht etwa ein starkes Königtum hervorgebracht – es schuf eine neue Herrschaftsordnung, in der die Großen des Reiches den ausschlaggebenden Faktor darstellten.

Vor diesem Hintergrund könnte man natürlich die Frage aufwerfen, ob die beiden letzten Salier nicht erfolgreicher hätten agieren können, wenn sie sich von Anfang an und kontinuierlich um sozialen Konsens bemüht hätten. Aber eine solche Fragestellung würde übersehen, wie zerrissen die gesellschaftlichen Kräfte während des Investiturstreits in Wirklichkeit waren und daß es nur mit Hilfe christlicher Verhaltensnormen und scholastischer Distinktionen gelang, die Konflikte allmählich zu bändigen. Die Zukunft gehörte offensichtlich einer stärker in rechtlichen Kategorien verankerten Sozialordnung, die auf charismatische Herrscher und autokratisches Gebaren durchaus verzichten konnte.

Kommentierte Kurzbibliographie

Arbeitsmittel

Die Quellengrundlage für die Geschichte der Salier wird auch heute noch am besten durch einige alte Standardwerke erschlossen, die einem ereignisgeschichtlichen Leitfaden folgen. Es sind dies: Harry Bresslau, *Jahrbücher des Deutschen Reiches unter Konrad II.*, 2 Bde., Leipzig 1879/84; Ernst Steindorff, *Jahrbücher des Deutschen Reiches unter Heinrich III.*, 2 Bde., Leipzig 1874/81 und Gerold Meyer von Knonau, *Jahrbücher des Deutschen Reiches unter Heinrich IV. und Heinrich V.*, 7 Bde., Leipzig 1890–1909.

Einen raschen Einstieg in die Forschungsdiskussion ermöglichen: Gerd Tellenbach, *Die westliche Kirche vom 10. bis zum frühen 12. Jahrhundert*, Göttingen 1988; Johannes Laudage, *Gregorianische Reform und Investiturstreit*, Darmstadt 1993; Wilfried Hartmann, *Der Investiturstreit*, München ²1996 und Hermann Jakobs, *Kirchenreform und Hochmittelalter*, München ⁴1999.

Gesamtdarstellungen

Unter den aktuellen Epochenüberblicken fällt vor allem Stefan Weinfurter, *Das Jahrhundert der Salier*, Ostfildern 2004, ins Auge. Packend geschrieben und reich bebildert, führt das Buch in anschaulicher Form in die Salierzeit ein. Die übrigen Gesamtdarstellungen sind etwas trockener formuliert. Dabei konzentriert sich Egon Boshof, *Die Salier*, Stuttgart u. a. ⁴2000, am stärksten auf die politische Ereignisgeschichte, wohingegen Hagen Keller, *Zwischen regionaler Begrenzung und universalem Horizont. Deutschland im Imperium der Salier und Staufer 1024–1250*, Berlin 1986, und Hans K. Schulze, *Hegemoniales Kaisertum. Ottonen und Salier*, Berlin 1991, wesentlich breiter angelegt sind. Sehr lesenswert sind auch Uta-Renate Blumenthal, *Der Investiturstreit*, Stuttgart u. a. 1982, und Werner Goez, *Kirchenreform und Investiturstreit 910–1122*, Stuttgart u. a. 2000, während Ludger Körntgen, *Ottonen und Salier*, Darmstadt 2002, eher Basiswissen vermittelt.

Biographien und Lebensbilder

Informative Lebensbilder aller Salier bieten die Sammelbände: *Deutsche Könige und Kaiser des Mittelalters*, hg. v. Evamaria Engel und Eberhard Holtz, Leipzig u. a. ²1990; *Kaisergestalten des Mittelalters*, hg. v. Helmut Beumann, München ³1991; *Die deutschen Herrscher des Mittelalters*, hg. v. Bernd Schneidmüller und Stefan Weinfurter, München 2003. Einen guten Einblick gewährt auch Werner Goez, *Lebensbilder aus dem Mittelalter*, Darmstadt 1998.

Für Konrad II. empfehlen sich Franz-Reiner Erkens, *Konrad II. (um 990–1039)*, Regensburg 1998, und Herwig Wolfram, *Konrad II. 990–1039*, München 2000, während Werner Trillmich, *Kaiser Konrad II. und seine Zeit*, hg. v. Otto Bardong, Bonn 1991, nur lexikalische Erstinformationen bietet.

Über Heinrich III. gibt es leider keine moderne Biographie. Lesenswert ist immer noch: Theodor Schieffer, *Kaiser Heinrich III., 1017–1056*, in: Die großen Deutschen 1, Berlin 1956, S. 52–69; den jüngeren Forschungsstand repräsentieren Johannes Laudage, *Heinrich III. (1017–1056). Ein Lebensbild*, in: Das Salische Kaiser-Evangeliar. Der Kommentar, Bd. 1, hg. v. Johannes Rathofer, Madrid 1999, S. 87–200, und Mechthild Black-Veldtrup, *Kaiserin Agnes (1043–1077)*, Köln u. a. 1995.

Über Heinrich IV. orientieren knapp, aber verläßlich: Egon Boshof, *Heinrich IV. Herrscher an einer Zeitenwende*, Göttingen u. a. ²1990 und Gerd Tellenbach, *Der Charakter Heinrichs IV.*, in: Ders., Ausgewählte Abhandlungen und Aufsätze 5, Stuttgart 1996, S. 111–133. Die Biographie von Ian Stuart Robinson, *Henry IV of Germany 1056–1106*, Cambridge 1999, ist wesentlich ausführlicher, doch sollte man ergänzend den magistralen Überblick von Herbert Edward John Cowdrey, *Pope Gregory VII 1073–1085*, Oxford 1998, konsultieren. Eher in Detailfragen führt hinein: Uta-Renate Blumenthal, *Gregor VII. Papst zwischen Canossa und Kirchenreform*, Darmstadt 2001.

Das Leben Heinrichs V. ist besonders wenig erforscht. Da die Biographie von Adolf Waas, *Heinrich V.*, München 1967, im Ansatz verfehlt und völlig veraltet ist, sollte man neben den kleineren Lebensbildern vor allem Gerd Tellenbach, *Die Frage nach dem Charakter Heinrichs V. Eine personengeschichtliche Studie*, in: Ders., Ausgewählte Abhandlungen und Aufsätze 5, Stuttgart 1996, S. 135–155, und Stefan Weinfurter, *Reformidee und Königtum im spätsalischen Reich. Überlegungen zu einer Neubewertung Kaiser Heinrichs V.*, in: Ders., Gelebte Ordnung – Gedachte Ordnung, Ostfildern 2005, S. 289–333, heranziehen.

Monographien und Sammelbände

Grundlegend sind vor allem die Sammelbände: *Investiturstreit und Reichsverfassung*, hg. v. Josef Fleckenstein, Sigmaringen 1973, und *Die Salier und das Reich*, 3 Bde., hg. v. Stefan Weinfurter, Sigmaringen 1991. Darüber hinaus seien aus jüngerer Zeit genannt: Rudolf Schieffer, *Die Entstehung des päpstlichen Investiturverbots für den deutschen König*, Stuttgart 1981; Jörgen Vogel, *Gregor VII. und Heinrich IV. nach Canossa*, Berlin/New York 1983; Johannes Laudage, *Priesterbild und Reformpapsttum im 11. Jahrhundert*, Köln/Wien 1984; Herbert Zieliniski, *Der Reichsepiskopat in spätottonischer und salischer Zeit (1002–1125)*, Wiesbaden 1984; *La Riforma*

Gregoriana e l'Europa, 2 Bde., Rom 1989/91; *Burgen der Salierzeit*, hg. v. Wolfgang Böhme, 2 Bde., Sigmaringen 1991; Stefan Beulertz, *Das Verbot der Laieninvestitur im Investiturstreit*, Hannover 1991, Eckhard Müller-Mertens/Wolfgang Huschner, *Reichsintegration im Spiegel der Herrschaftspraxis Konrads II.*, Weimar 1992; *Reformidee und Reformpolitik im spätsalisch-frühstaufischen Reich*, hg. v. Stefan Weinfurter, Mainz 1992; *Il secolo XI: una svolta?*, hg. v. Cinzio Violante und Johannes Fried, Bologna 1993; Hartmut Hoffmann, *Mönchskönig und rex idiota*, Hannover 1993; Johann Englberger, *Gregor VII. und die Investiturfrage*, Köln u. a. 1996; Giuseppe Fornasari, *Medioevo riformato del secolo XI*, Neapel 1996; Caspar Ehlers, *Metropolis Germaniae. Studien zur Bedeutung Speyers für das Königtum (751–1250)*, Göttingen 1996; Monika Suchan, *Königsherrschaft im Streit*, Stuttgart 1997; Beate Schilling, *Guido von Vienne – Papst Calixt II.*, Stuttgart 1998; Jutta Schlick, *König, Fürsten und Reich (1056–1159)*, Stuttgart 2001; *Welf IV. – Schlüsselfigur einer Wendezeit*, hg. v. Dieter R. Bauer und Matthias Becher, München 2004; *Grafen, Herzöge, Könige. Der Aufstieg der frühen Staufer und das Reich (1079–1152)*, hg. v. Hubertus Seibert und Jürgen Dendorfer, Ostfildern 2005.

Zeittafel

1024 Sept. 4	Kamba: Wahl Konrads II. zum König
1024 Sept. 8	Mainz: Königssalbung durch Ebf. Aribo v. Mainz
1025 Juni 6	Konstanz: Konflikt um die Pfalz in Pavia
1025 2. Hälfte	Erster Aufstand Herzog Ernsts II. v. Schwaben
1026 Febr. 2	Erste Begnadigung des Schwabenherzogs
1026 März 27	Mailand: Krönung Konrads II. zum König v. Italien
1026/27	Zweiter Aufstand Herzog Ernsts II. v. Schwaben
1027 März 26	Rom: Kaiserkrönung Konrads II.
1027 Juli	Ulm: Absetzung und Inhaftierung Ernsts II.
1027 Aug.	Basel: Vertrag über das burgundische Erbe
1028 Apr. 14	Aachen: Wahl und Salbung Heinrichs III. zum Mitkönig
1028 vor Juli 1	Zweite Begnadigung Herzog Ernsts II. v. Schwaben
1030 März 29	Ingelheim: Ächtung und dritter Aufstand des Herzogs
1030 Aug. 17	Gewaltsamer Tod Herzog Ernsts II. im Schwarzwald
1032 Sept. 6	Tod König Rudolfs III. v. Burgund
1033 Febr. 2	Peterlingen: Krönung Konrads zum König v. Burgund
1035 Mai	Bamberg: Absetzung Herzog Adalberos v. Kärnten
1035/36	Valvassorenaufstand in der Lombardei
1036–1038	Zweiter Italienzug Konrads II.
1037 Mai 28	Bei der Belagerung Mailands: *Constitutio de feudis*
1038 Sept.	Salbung Heinrichs III. zum Mitkönig v. Burgund
1039 Juni 4	Utrecht: Tod Konrads II.; Regierungswechsel
1039 Juli 3	Beisetzung Konrads II. im Dom zu Speyer
1043 Nov.	Hochzeit Heinrichs III. mit Agnes v. Poitou
1044 Juli 5	Schlacht bei Menfö an der Raab
1046 Dez. 20	Synode v. Sutri: Absetzung Papst Gregors VI.
1046 Dez. 24	Rom: Wahl Clemens' II. zum Papst
1046 Dez. 25	Rom: Kaiserkrönung Heinrichs III.
1049–1054	Pontifikat Papst Leos IX.
1050 Nov. 11	Geburt Heinrichs IV. (wahrscheinlich in Goslar)
1053 Nov.	Trebur: Wahl Heinrichs IV. zum Mitkönig
1054 Juli 17	Aachen: Salbung Heinrichs IV. zum Mitkönig
1055	Aufstand der Herzöge v. Bayern u. Kärnten
1056 Okt. 5	Bodfeld am Harz: Tod Heinrichs III.
1056 Okt. 28	Speyer: Bestattung des Kaisers neben seinen Eltern
1056–1062	Regentschaft der Kaiserin Agnes (für Heinrich IV.)
1059 April	Rom: Papstwahldekret Nikolaus' II.

1061 Okt.	Papstschisma: Alexander II. – Honorius (II.)
1062 April	Kaiserswerth: Entführung Heinrichs IV.
1064 Mai 31	Konzil v. Mantua: Anerkennung Alexanders II. als Papst
1065 März 29	Schwertleite Heinrichs IV. Entmachtung Annos v. Köln
1066 Jan.	Trebur: Sturz Adalberts v. Hamburg-Bremen
1067–1073	Königlicher Burgenbau in Sachsen
1070	Absetzung des Bayernherzogs Otto v. Northeim
1070/71	Erste Konflikte in Sachsen
1071/72	Beginn des Mailänder Schismas
1073 März	Rom: Bannung mehrerer Ratgeber Heinrichs IV.
1073 April 22	Rom: Wahl Gregors VII. zum Papst
1073 Frühjahr	Erster Abfall der süddeutschen Herzöge vom König
1073 Juli	Belagerung der Harzburg. Beginn des Sachsenkriegs
1073 Aug.	Bittschrift Heinrichs IV. an den Papst
1073 Okt.	Waffenstillstand der Sachsen mit dem König
1074 Febr. 2	Frieden v. Gerstungen. Schleifung der Königsburgen
1074 April 27	Bamberg: Rekonziliation Heinrichs IV.
1075 Febr. 24–28	Rom: Fastensynode. Erstes päpstliches Investiturverbot
1075 Juni 9	Schlacht bei Homburg an der Unstrut. Sieg des Königs
1075 Herbst	Königl. Investituren für Mailand, Fermo und Spoleto
1075 Dez. 8	Scharfe Reaktion Gregors VII.
1076 Jan. 24	Wormser Absageschreiben an den Papst
1076 Febr. 14–20	Rom: Fastensynode. Bannung Heinrichs IV.
1076 Okt.	Trebur: Fürstentag. Verhandlungen mit Heinrich IV.
1077 Jan. 25–28	Bußgang von Canossa. Absolution des Königs
1077 März 15	Wahl Rudolfs v. Rheinfelden zum Gegenkönig
1078 Nov. 19	Rom: Einschärfung des Investiturverbots
1080 März 7	Rom: Fastensynode. Erneute Bannung Heinrichs IV.
1080 Juni 25	Brixen: Nomination Wiberts v. Ravenna als Gegenpapst
1080 Okt. 15	Schlacht an der Weißen Elster. Tod des Gegenkönigs
1081–1083	Wiederholte Angriffe Heinrichs IV. auf Rom
1081 Aug.	Ochsenfurt: Wahl Hermanns v. Salm zum Gegenkönig
1081 Dez. 26	Goslar: Königssalbung Hermanns v. Salm
1084 März 24	Rom: Inthronisation Wiberts als Papst Clemens (III.)
1084 März 31	Rom: Kaiserkrönung Heinrichs IV.
1085 Mai 25	Salerno: Tod Papst Gregors VII.
1087 Mai 30	Krönung Konrads (III.) zum Mitkönig
1088–1099	Pontifikat Papst Urbans II.
1088 Sep. 28	Tod des Gegenkönigs Hermann v. Salm
1089–1095	Ehe Welfs V. und Mathildes v. Tuszien
1090–1097	Zweiter Italienzug Heinrichs IV.
1093 März	Rebellion Konrads (III.), seine Krönung in Mailand
1095 Apr. 10–15	Cremona: Treffen Konrads (III.) mit Urban II.

Zeittafel

1095 Nov.	Konzil v. Clermont: Huldigungsverbot für alle Kleriker
1096–1098	Aussöhnung Heinrichs IV. mit Welfen und Zähringern
1099 Jan. 6	Aachen: Salbung Heinrichs V. zum Mitkönig
1099–1118	Pontifikat Papst Paschalis' II.
1100 Sept. 8	Tod Clemens' (III.); faktisches Ende des Papstschismas
1101 Juli 27	Florenz: Tod König Konrads (III.)
1104–1107	Investiturkompromisse in Frankreich und England
1104 Dez. 12	Abfall Heinrichs V. von seinem Vater
1105 Dez. 31	Erzwungene Abdankung Heinrichs IV.
1106 Jan. 5	Ingelheim: Übergang der Herrschaft auf Heinrich V.
1106 Mai 22	Schlacht bei Visé an der Maas. Sieg Heinrichs IV.
1106 Aug. 7	Lüttich: Tod Heinrichs IV. im Kirchenbann
1106 Sept. 3	Bestattung Heinrichs IV. in einer ungeweihten Kapelle in Speyer
1106 Okt.	Guastalla: Verhandlungen über das Investiturproblem
1107 Mai	Châlons-sur Marne: Erneute Investiturverhandlungen
1107–1110	Feldzüge Heinrichs V. zur Sicherung der Ostgrenze
1110 Herbst	Italienzug. Interessenausgleich mit Mathilde v. Tuszien
1111 Febr. 4 u. 9	Rom und Sutri: Einigung über die Investiturfrage
1111 Febr. 12	Rom: Scheitern des Investiturkompromisses in der Peterskirche. Gefangennahme Papst Paschalis' II.
1111 Apr. 11	Vertrag vom Ponte Mammolo
1111 Apr. 12	Rom: Päpstliches Investiturprivileg («Pravileg»)
1111 Apr. 13	Rom: Kaiserkrönung Heinrichs V.
1111 Aug. 7	Endgültige Beerdigung Heinrichs IV. im Speyerer Dom
1112 März	Rom: Aufhebung des «Pravilegs» auf dem Laterankonzil
1112 Dez.	Inhaftierung Adalberts v. Mainz (bis 1115)
1112–1115	Bildung einer sächsisch-rheinischen Fürstenopposition
1114 Jan. 6	Mainz: Hochzeit Heinrichs V. mit Mathilde v. England
1115 Febr. 11	Schlacht am Welfesholz. Niederlage Heinrichs V.
1115 Juli 24	Tod Mathildes v. Tuszien
1116–1119	Zweiter Italienzug Heinrichs V.
1118 März 8	Rom: Erhebung Gregors (VIII.) zum Gegenpapst
1119–1124	Pontifikat Papst Calixts II.
1119 Okt.	Verhandlungen v. Mouzon. Konzil v. Reims
1121 Okt.	Würzburg: Fürstenspruch zum Investiturkonflikt
1122 Sept. 23	Wormser Konkordat
1123 März	Rom: Laterankonzil Calixts II.
1124	Gescheiterter Frankreich-Feldzug Heinrichs V.
1125 Mai 23	Utrecht: Tod Heinrichs V. nach langer Krankheit

Personenregister

Abkürzungen:
Bf.= Bischof, Ebf. = Erzbischof, fränk.= fränkisch, Gem. = Gemahlin,
Gf./Gfn. = Graf/Gräfin, Hz. = Herzog, Kg./Kgn.= König/Königin,
Ks./Ksn. = Kaiser/Kaiserin

Aba (Samuel), Kg. v. Ungarn († 1044) 37
Adalbero, Hz. v. Kärnten († 1039) 21, 29 f.
Adalbero, Bf. v. Würzburg († 1090) 83
Adalbert, Ebf. v. Hamburg-Bremen († 1072) 52–54, 56
Adalbert, Kanzler Heinrichs V. u Ebf. v. Mainz († 1137) 105 f., 110 f., 115
Adalbert, Bf. v. Worms († 1107) 83
Adam v. Bremen, Geschichtsschreiber († vor 1085) 52
Adelheid, Tochter Heinrichs III. († 1096) 46
Agnes (v. Poitou), Kgn. u. Ksn., 2. Gem. Heinrichs III. († 1077) 34 f., 39, 41, 46, 50, 52
Alexander II. (Anselm v. Lucca) Papst († 1073) 50 f., 58–61
Altmann, Bf. v. Passau († 1091) 83
Anno II., Ebf. v. Köln († 1075) 11 f., 50–53, 63, 70
Anselm I., Bf. v. Lucca → Alexander II., Papst
Aribert, Ebf. v. Mailand († 1045) 32
Aribo, Ebf. v. Mainz († 1031) 21
Arnulf v. Mailand, Geschichtsschreiber († nach 1077) 66 f.
Atto, Elekt für das Erzbistum Mailand († um 1085) 60

Beatrix v. Canossa, Markgfn. v. Tuszien, Gem. v. 1. Bonifaz v. Canossa, 2. Gottfried dem Bärtigen († 1076) 57 f.
Benedikt IX. (Theophylactus), Papst [bis 1045] († 1055/56) 32, 40
Benno II., Bf. v. Osnabrück († 1088) 56
Berengar, Gf. v. Sulzbach († 1125) 94

Bernhard II., Hz. v. Sachsen († 1059) 45
Berno, Abt v. Reichenau († 1048) 38
Bernold v. Konstanz, Geschichtsschreiber († 1100) 92
Bertha (v. Turin), Kgn. u. Ksn., 1. Gem. Heinrichs IV. († 1087) 7, 59, 78
Berthold I., Hz. v. Kärnten († 1078) 7 f., 56, 61–65, 69–71, 78 f., 82 f.
Berthold II., Hz. v. Zähringen († 1111) 93
Berthold v. Reichenau, Geschichtsschreiber († 1088) 61, 66, 77, 80 f.
Bonifaz v. Canossa, Markgf. v. Tuszien († 1052) 32
Bonizo, Bf. v. Sutri († um 1095) 74
Bretislaw I., Hz. v. Böhmen († 1055) 37
Brun, Bf. v. Toul → Leo IX., Papst
Brun (Salier) → Gregor V., Papst
Bruno, Bf. v. Augsburg († 1029) 26
Bruno v. Magdeburg, Geschichtsschreiber († nach 1082) 53, 57, 70
Burchard II., Bf. v. Halberstadt († 1088) 83

Cadalus, Bf. v. Parma → Honorius (II.), Gegenpapst
Caesar, Gaius Iulius, röm. Diktator († 44 v. Chr.) 16
Calixt II. (Guido v. Vienne), Papst († 1124) 111–115
Chlodwig I., fränk. Kg. († 511) 13
Clemens II. (Suidger v. Bamberg), Papst († 1047) 40–42
Clemens (III.) (Wibert v. Ravenna), Gegenpapst († 1100) 88, 90, 93

Diepold III., Markgf. v. Cham-Vohburg-Nabburg († 1146) 94

Personenregister

Eberhard, Gf. v. Nellenburg († 1078) 56
Ekkehart v. Aura, Geschichtsschreiber
 († nach 1125) 10, 12 f., 96, 99, 105,
 111
Eppo, Bf. v. Naumburg († 1079) 80
Erlung, Bf. v. Würzburg († 1121) 112
Ernst II., Hz. v. Schwaben († 1030) 25–28

Folkmar, Kämmerer u. Ministeriale
 Heinrichs V. 106
Friedrich I., Hz. v. Schwaben († 1105) 93
Friedrich II. der Einäugige, Hz. v.
 Schwaben († 1147) 112, 116
Friedrich II., Hz. v. Oberlothringen
 († 1026/27) 25–27
Friedrich, «Gf.» v. Stade (Ministeriale
 Rudolfs v. Stade) 108 f.
Friedrich v. Lothringen → Stephan IX.,
 Papst

Gebhard, Ebf. v. Salzburg († 1088) 83
Gebhard, Bf. v. Eichstätt → Viktor II.,
 Papst
Gebhard, Bf. v. Speyer († 1107) 100
Gisela, Kgn. u. Ksn., Gem. Konrads II.
 († 1043) 16, 21, 33, 36 f., 47
Gisela, Tochter Heinrichs III.
 († vor 1058) 46 f.
Gottfried II. der Bärtige, Hz. v. Ober- u.
 Niederlothringen († 1069) 45 f., 50,
 58
Gottfried, Elekt für das Erzbistum Mailand († nach 1075) 59 f.
Gregor I. der Große, Papst († 604) 38
Gregor V. (Brun), Papst († 999) 41 f.
Gregor VI., Papst [bis 1046]
 († um 1047) 40
Gregor VII. (Hildebrand), Papst († 1085)
 7 f., 11, 42, 60–84, 87–90
Gregor (VIII.) (Burdinus), Gegenpapst
 († nach 1121) 112
Gregor, Bf. v. Vercelli († 1077) 80
Guido, Ebf. v. Vienne → Calixt II., Papst
Guido, hl., Abt v. Pomposa († 1046) 46
Gunhild (v. Dänemark), Kgn., 1. Gem.
 Heinrichs III. († 1038) 35 f.

Heinrich I., ostfränk. Kg. († 936) 12
Heinrich II., ostfränk. Kg. u. Ks.
 († 1024) 15, 20, 23, 26, 30

Heinrich III., Kg. u. Ks. [Salier] († 1056)
 13, 16 f., 20, 28–48, 50, 52, 56 f., 88,
 117
Heinrich IV., Kg. u. Ks. [Salier] († 1106)
 7 f., 11, 13, 17, 20, 35, 46–96, 100,
 117–119
Heinrich V., Kg. u. Ks. [Salier] († 1125)
 13, 17, 88, 93–116, 118 f.
Heinrich I., westfränk.-franz. Kg.
 († 1060) 29, 39, 45 f.
Heinrich I., engl. Kg. († 1135) 103
Heinrich, Sohn Heinrichs IV. († 1071) 54
Heinrich Haupt, Ministeriale Heinrichs V. u. Burggf. v. Meißen 98, 105,
 110
Heinrich, Bf. v. Speyer († 1075) 65
Hermann v. Salm, Gegenkönig († 1088)
 85 f.
Hermann IV., Hz. v. Schwaben († 1038)
 27, 32
Hermann, Ebf. v. Köln († 1056) 46
Hermann, Bf. v. Bamberg († 1084) 65,
 70 f.
Hermann v. Reichenau, Geschichtsschreiber († 1054) 43 f., 47
Hildebrand, Archidiakon → Gregor VII.,
 Papst
Honorius (II.) (Cadalus v. Parma),
 Gegenpapst [bis 1064] († 1071/72)
 50 f.
Hugo IV., Gf. v. Egisheim-Dagsburg,
 Vater Leos IX. 27
Hugo, Abt v. Cluny († 1109) 7, 47, 79

Isidor, Bf. v. Sevilla († 636) 11
Ivo, Bf. v. Chartres († 1115) 102, 104

Karl der Große, fränk. Kg. u. Ks. († 814)
 12, 17, 22
Konrad II., Kg. u. Ks. [Salier] († 1039)
 12–33, 36, 39, 44, 117
Konrad (III.), Kg. [Salier] († 1101) 13,
 70, 88, 92 f.
Konrad III., «Hz.» in Franken u. Kg.
 [Staufer] († 1152) 112
Konrad I., Hz. v. Bayern u. Sohn Heinrichs III. († 1055) 45–47, 54
Konrad II. der Jüngere, Hz. v. Kärnten
 († 1039) 15, 21, 26
Konrad I., Ebf. v. Salzburg († 1147) 98,
 105

Lampert v. Hersfeld, Geschichtsschreiber († nach 1081) 55, 57, 63, 66, 69 f., 76, 78, 80 f.
Leo IX. (Brun v. Toul), Papst († 1054) 44 f., 47, 89
Liemar, Ebf. v. Hamburg-Bremen († 1101) 65, 72
Lothar III. v. Süpplingenburg, Hz. v. Sachsen, Kg. u. Ks. († 1137) 108 f., 111, 116
Ludwig, Gf. v. Thüringen 111

Magnus, Hz. v. Sachsen († 1106) 56
Mathilde, Kgn. u. Ksn., Gem. Heinrichs V., engl. Kgs.tochter († 1167) 103, 111, 116
Mathilde, Markgfn. v. Tuszien († 1115) 7 f., 79, 91–93, 103, 112
Mathilde, Tochter Heinrichs III. u. 1. Gem. Rudolfs v. Rheinfelden († 1060) 46 f.
Miesko II., Kg. v. Polen († 1034) 37

Odo II., Gf. v. Blois u. der Champagne († 1037) 26 f., 29
Otto I. der Große, ostfränk. Kg. u. Ks. († 973) 14, 22, 28
Otto III., ostfränk. Kg. u. Ks. († 1002) 17, 41 f.
Otto III., Hz. v. Schwaben († 1057) 45
Otto, Gf. v. Northeim u. Hz. v. Bayern († 1083) 53 f., 56, 63 f., 75 f., 83–85
Otto, Gf. v. Habsburg-Kastl († 1112) 94

Paschalis II. (Rainer), Papst († 1118) 93 f., 98, 100–108, 112
Peter I., Kg. v. Ungarn († 1046/47) 37
Petrus Damiani, Kardinalbf. v. Ostia († 1072) 59
Philipp I., Kg. v. Frankreich († 1108) 67
Pilgrim, Ebf. v. Köln († 1036) 21

Regenger, Vertrauter Heinrichs IV. († 1074) 63 f.
Rudolf III., Kg. v. Burgund († 1032) 26 f., 29
Rudolf v. Rheinfelden, Hz. v. Schwaben u. Gegenkönig († 1080) 7 f., 54, 56, 61–65, 69–71, 76, 78 f., 82–85

Rudolf, Gf. v. Stade u. Markgf. v. der Nordmark († 1124) 108 f.
Ruthard, Ebf. v. Mainz († 1109) 94

Samuel → Aba, Kg. v. Ungarn
Siegfried I., Ebf. v. Mainz († 1084) 53, 59, 63, 75, 83–85
Silvester (III.) (Johannes v. Sabina), Gegenpapst [bis 1045/46] († 1062/63) 40
Stephan IX. (Friedrich v. Lothringen), Papst († 1058) 50
Suidger, Bf. v. Bamberg → Clemens II., Papst

Tedald, Ebf. v. Mailand († 1085) 69, 71, 76
Theoderich, Kg. der Ostgoten († 526) 17
Thietmar, Bf. v. Merseburg († 1018) 14

Udalrich, Hz. v. Böhmen († 1034) 29, 37
Udo II., Gf. v. Stade u. Markgf. von der Nordmark († 1082) 54
Ulrich, Ministeriale Rudolfs v. Stade 108
Urban II. (Odo v. Châtillon), Papst († 1099) 90–93

Viktor II. (Gebhard v. Eichstätt), Papst († 1057) 48, 50

Wazo, Bf. v. Lüttich († 1048) 42 f.
Welf II., Gf. in Schwaben († 1030) 26
Welf III., Gf. in Schwaben u. Hz. v. Kärnten († 1055) 46
Welf IV., Gf. in Schwaben u. Hz. v. Bayern († 1101) 7 f., 54, 56, 61–63, 65, 69–71, 76, 78 f., 82–85, 91
Welf V., Gf. in Schwaben u. Hz. v. Bayern († 1120) 91–94
Werner, Gf. v. Kyburg († 1030) 26 f.
Werner, Ebf. v. Magdeburg († 1078) 83
Werner II., Bf. v. Straßburg († 1077) 65
Wibert, Ebf. v. Ravenna → Clemens (III.), Gegenpapst
Wido (v. Velate), Ebf. v. Mailand († 1071) 59 f.
Wilhelm, Abt v. Hirsau († 1091) 71
Wipo, kgl. Kapellan u. Geschichtsschreiber († nach 1046) 15–20, 25, 28, 31, 33, 36, 38